宋学

贾丰臻 著

四川文艺出版社

图书在版编目（CIP）数据

宋学 / 贾丰臻著. — 成都：四川文艺出版社, 2021.12
ISBN 978-7-5411-6195-7

Ⅰ. ①宋… Ⅱ. ①贾… Ⅲ. ①理学－研究－中国－宋代
Ⅳ. ①B244.05

中国版本图书馆CIP数据核字(2021)第232101号

SONG XUE
宋 学

贾丰臻 著

出 品 人	张庆宁
策 划 人	燕啸波　谢信步
责任编辑	张亮亮
封面设计	叶　茂
内文设计	史小燕
责任校对	文　雯
责任印制	崔　娜

出版发行	四川文艺出版社（成都市槐树街2号）
网　　址	www.scwys.com
电　　话	028-86259287（发行部）　028-86259303（编辑部）
传　　真	028-86259306

邮购地址	成都市槐树街2号四川文艺出版社邮购部　610031
排　　版	四川最近文化传播有限公司
印　　刷	成都东江印务有限公司

成品尺寸	130mm×185mm	开　　本	32开
印　　张	7	字　　数	90千
版　　次	2021年12月第一版	印　　次	2021年12月第一次印刷
书　　号	ISBN978-7-5411-6195-7		
定　　价	48.00元		

目　录

宋学勃兴的原因

宋学勃兴的原因

　　吾国近世哲学的思想，当推赵宋为第一。从赵宋到现在，社会一般人的倾向，大都为自然的，超社会的，哲学的，有时把宇宙单独论论，有时又将宇宙与人性并论。这种原因，并非全发于社会的动机，而能格外深邃精密，使汉以来的哲学无出其右。这究竟是什么缘故呢？

　　宋太祖初即位的时候，首先奖励儒学，增葺祠宇，画先圣先贤的容像，并亲自作赞，书于孔颜的座端，文臣亦作余赞，且常常临幸以表推崇的意思。曾对侍臣说道："朕欲武臣尽读书，以使知为治之道。"因此而臣民知道贵重文学。又乾德五年，以孔宜为曲阜主簿，专奉孔子的祭祀。初太祖欲改元，宰相道："年号须用前代所未有者。"及蜀平，纳蜀宫人，太祖在其镜背见铸乾德四年字样，诧为奇事，出示宰相，皆不能答，翰林院学士实仪说道："此必为蜀之物，昔蜀王衍时有此号，恐为其岁所铸者。"太祖叹道："宰相须用读书人。"因此而更重视儒臣。太祖又好书，在军中的时候，常常手不释卷，闻有藏奇书的人，往往不吝千金而购之。至太宗亦能继承兄意，如读书，每日从巳时至申时，诏史馆修《太平御揽》一千卷。雍熙元年春正月诏求遗书，对侍臣道："教化之本，治乱之原，苟无书籍，何以取法？今三馆（宋有三馆：昭文馆、史馆、秘馆是也。）所贮，遗佚尚多。"乃诏以赏求四方之书，因此而天下之书尽出。真宗即位后，群臣之子弟补京官的，试以一经。大中祥符元年，改谥孔子为至圣文宣王。仁宗即位初，亲临国子监。其后庆历四年，又谒孔子。

历代尊崇孔子，奖励儒学，以振兴斯文为施政的方法，然其大概情形，仍不外乎汉唐以来训诂学之反复，其哲学的思辨，即探索的精神，究竟怎样的起来？吾们细细研求，不外乎下面所说的几个原因。

对于训诂的反动

训诂虽从汉朝起始，但是在唐的时候也很讲究。天下的人，大都热心于佛教及诗赋等，在那个时候，虽于文章学问也有多少贡献，但是对于孔子的教学，仅不过韩愈及其他一二人就完了。然而当时的训诂，差不多遮盖经学之全流。宋在五代后，虽有文学复兴的希望，但训诂之余风，依然存在，所以仁宗即位后，宗郊等上奏道："先策论，则文词者留心于治乱矣……问大义，则执经者不专于记诵矣……"对于当时的弱点尽量指示，就可知对于训诂的反动，早已播满于当时的思想界。第一流有学问的人物，如范仲淹、欧阳修，其次如司马光、苏轼、王安石辈，决非专心致志于鲁鱼亥豕间者，不以字义为主要，而专以精神研究孔子的教理，是思辨的倾向之一原因。

禅学的流行

在唐的时代，佛教深入人心，五代以来，禅宗尤为流行，乱世流行禅宗，因禅宗能高尚人类的精神，使之到达安心立命的地位，所以五代时盛行禅宗。宋立国后，仁宗好禅学，上行下效，捷于影响，如欧阳修、司马光、苏洵、苏辙、张商英等皆好禅，而周敦颐又不免为穷禅之客。禅教不立文字，主观的观性之如何，乃当时的风尚。换一句话讲，就是观自己的精神，治自己的精神，完全为向内的。此项治心工夫的流行，即诱起宋时修为之学之一原因。

儒佛的对抗

唐武宗焚烧佛典，令僧尼还俗，其后又为周世宗所蹂躏，不绝如缕的佛教，差不多要完全灭亡。幸而宋太祖登极，一面奖励儒教，一面又专心鼓吹佛教，度僧尼无算，并刊行大藏经，此儒教与佛教相对而存立之原因。惟二教不免时起轧轹，如欧阳修论祖印，李泰伯著《潜书》，张商英论无佛，其他差不多的亦很多。不过儒佛的对抗，确为宋代思辨的倾向之一原因，当时的形势，仿佛南北朝时代，道与佛相接触的情形。唐代儒佛相对，虽有韩昌黎著《原道文》，以《五经正义》为儒学的中心，然而当时佛教的潮势，已席卷全中国，一般学者，非入于《诗赋》，即屈于佛教，终不出此两途。能以儒者自任的，可称绝无仅有。惟宋代能复兴已受顿挫的佛教，又能奖励固有的儒教，使知儒者治国的要道。这就是儒派与佛派相等的对立。可知儒佛的对抗，就是唐宋二朝不同的要点。

佛学的影响

佛教与儒教论战，往往占全胜地位，因此而佛教遂为宋代学者所注目，势不能不研究一下。学者必研究佛学一次，这种思想，影响于宋代学者很大。

韩昌黎的影响

宋代学者有一种豪迈的气质，往往自以为是天下第一流人物，这就是太祖以来崇尚节义的缘故，也就是模仿唐朝韩昌黎的缘故。韩昌黎的气概，如"文起八代之衰，道继轲死不传之后"。而宋代的邵雍亦尝自说道："仲尼后禹千五百余年，今之后仲尼又千五百余年，虽不敢比仲尼上赞尧舜，岂不敢比孟子上赞仲尼乎？"程伊川为明道作行状道："先生生于千四百年之后，得不传之学于遗经。"这就是儒者独立不屈的精神，既能不下于佛氏，立一家言，又能以儒者自守，以保存此气风。这种气风，是受佛教影响以外一种精神独立的结果。

朝廷优遇隐士的关系

五代时混乱已极，贤人君子相率避世，往往脱离政治的生涯，玩弄思想，别求快乐。沿至宋代，太宗时有陈抟种放，召而不来。真宗时陕州有魏野，召而不来。杭州有林逋，赐以粟帛。信州有道士张正随，赐号真静先生。仁宗时信州龙虎山有道士张乾曜赐号澄素先生。河南有处士邵雍，召而不来。福州有处士陈列征国子监直讲未来，其余很多。陈抟的学问，由一代大儒周敦颐继承，《太极图说》即其开端。邵雍亦为当时哲学家，这类的隐士或道士，皆委身草莽，以锻炼各自的思想，然而朝廷待遇极厚，亦可以造成一代的风尚。

夷狄入寇的关系

宋代真宗时有契丹入寇，仁宗时元昊号大夏皇帝而入寇，而契丹又入寇，国家渐渐多事。降至徽宗钦宗，女真又入寇，二帝逃走江南，为金掳去。这就是容易惹起厌世的观念之一原因。而厌世的观念，就是内省的倾向所由起。

朋党的关系

小人渐渐跋扈嚣张，那么贤人君子自然不快乐，所以欧阳修作《朋党论》，蔡襄有四贤一不肖之吟。又邵雍在天津桥上，听到杜鹃叫的声音，而预料天下将有乱事。当时朝廷显分新旧两党，新党以王安石为首领，章惇、蔡京、曾布、韩绛、邓绾、吕惠卿等附之，旧党以司马光为首领，继韩琦、富弼、欧阳修之后，而苏轼、韩忠彦等附之。其后新党得志，立党人碑，列司马光以下百二十人为奸党，流贬很多，这种情形，究竟容易使人消极，容易令人入于厌世的，也就是宋代哲学勃兴的一原因。

以上所说的，就是宋学勃兴的原因。如果说到宋学家方面，那么各人都有各人相应的原因，或由于师弟相承，或由于自己气质，这种情形，容后详细讨论。

惟吾国的学者，往往对于违背师说，是大忌的。大都蹈袭前辈语言，其思想亦不敢逸出他的范围，仅不过无意识的，有与师说略异的地方。一则因气风的不同，一则因理论必然的趋势，所以力排师说，而独树新知识新见闻者，可称绝无仅有。彼等的对象，大都相同，不过因人而异，部分间仅有大小轻重的分别。彼等所注意的，为性心理气三者，或以性为重，或以理气为中心，或以心为中心，或说性即理，这就是宋学出发的要点。

宋学的曙光

宋兴已八十年，而胡安定、孙明复、石守道三先生出，讲明正学，师道自任，因此而濂洛关闽诸儒相继而兴。所以三先生，可称为宋学的曙光。

胡安定

宋太宗淳化四年生，仁宗嘉祐四年卒，年六十七。

胡瑗，字翼之，泰州人，学者称为安定先生。七岁就能作文，十三岁已通五经，即以圣贤自任。往泰山，与孙复、石介同学，攻苦食淡，终夜不寝，十年不归。在吴中以经术教授，范文正公颇爱敬他，令儿子纯仁拜他为师，后又充湖州教授。那个时候，大都注意词赋，安定独能昌明正学，首先提倡教人，能以身作则，虽暑天必公服坐堂上，师弟规则很严。待学生同子弟一样，学生待他同父兄一样，所定科条很细密，分经义和治事两斋，经义斋所以明体，治事斋所以达用，庆历时太学兴办令下，湖州取其法。嘉祐时在太学，学徒很多，学舍不能容，学生衣服容止往往相同，虽不相识的人，都知道是他的学生。程伊川尝说道："安定之门，往往知稽古爱民，于为政也何有。"如钱藻、孙觉、范纯仁、钱公辅、徐积等，都是他的门生。

孙明复

宋太宗淳化三年生，仁宗嘉祐二年卒，年六十六。

孙复，字明复，号富春，晋州平阳人。举进士不第，退居泰山，学《春秋》，著《尊王发微》十二篇。石介本有名于山东，而师事明复，曾作《明隐篇》以告人，说道："孙先生蓄周孔之道，非独一身而已，兼利天下者也。"那时范仲淹、富弼等说道："复有经术，宜在朝廷。"乃召为通英殿祇候，其后迁殿中丞卒。

石徂徕

宋真宗景德二年生，仁宗庆历五年卒，年四十一。

石介，字守道，号徂徕，兖州人。进士及第，充嘉州军事判官，丁父母忧。归耕徂徕山下，在家教授《周易》，鲁人号徂徕先生，后进京为国子监直讲，及太子中允，从学者很多。尝以文章的弊病，释道的蠹害为患，作《怪说》三篇及《中国论》，说道："去此三者，乃可有为。"又作《唐鉴》，以奸臣、宦官、宫妾为戒，痛说当时的弊病，绝不忌讳，遂为奸臣夏竦等所忌，欲致介于死地。介泰然说道："吾道固如是，吾勇过孟轲。"为范仲淹富弼所深知，著有《徂徕集》三十卷。石徂徕不得志，早死，学者受他的熏陶，不如胡瑗、孙复的多数，学说亦未能深造。然而他的学风，和他的一种俨然气象，则很多特异的色彩。

胡安定、孙明复、石徂徕三先生的学说，虽未尽纯粹，然能注重躬行实践，和圣贤道义的大本，一变从来词章训诂的气风，开宋学勃兴的运会，不得不说是三先生的大功。

宋学的勃兴

周子

宋真宗天禧元年生，神宗熙宁六年卒，年五十七。

周子初名淳实，后避英宗的旧讳，改名淳颐，淳或作敦，其意相同，字茂叔，濂溪是他书斋的称号，世代家居道州营道县濂溪上。景祐三年，充洪州分宁县主簿，有狱久不决，周子一讯立辨，邑人都道："老吏不如也。"名誉因此大好。调南安军司理参军，洛人程珦通判军事，见周子气象容貌和常人不同，并知道他学问渊博，道德宏深，因和他友善，且令二子颢和颐就学于门，就是明道伊川二先生。官南安的时候，有囚犯罪不应处死，惟转运使王逵要严办他，无人敢争论，周子独与他辩护，不听，将弃官去，说道："如此，尚可仕乎？杀人以媚人，吾不为也。"逯因而大感悟，囚得不死。后逯深知他贤，荐为郴州县令，政绩很著，历知桂阳、南昌等县，又来南昌，县民欢迎道，"是能断分宁之狱者，吾辈得所诉矣"。因此互相告诉，无违背教命，不但以抵罪为忧，实以污善政为耻。后又为提点刑狱公事，出入劝谨，不怕瘴疠的侵袭，虽荒崖绝岛人迹不到的地方，亦必亲自按察，务以洗冤泽民为尽自己的责任。惜计划未尽，因病归家。居庐山莲花峰下，有溪洁白玲珑，下合溢江，周子濯缨而乐，因以故乡濂溪为其名，而筑书堂于其上，未几即卒。周子服官的时候，自奉极廉，所得尽施给亲戚故旧，一日有疾，友人潘兴嗣来访问，见其家服御的物，仅一敝箧，钱不满百，时人无不叹服。所著有《太极图》《太极图说》《通书》等。

周子曾令二程寻孔颜乐处，所乐何事，所以明道自说道："自见周茂叔后，吟风弄月以归，有吾与点也之意。"又说道："茂叔窗前草不除，问之，则曰：'与自家意思一般。'"又说道："吾年十六七时，好田猎，既见茂叔，则自谓已无此好矣，茂叔曰：'何言之易也，但此心潜隐未发，一日萌动，复如初矣。'后十二年复见猎者，不觉有喜心，乃知果未也。"侯师圣往伊川处求学，先去拜访茂叔，茂叔留住他对榻夜谈，过了三日，往伊川处，伊川很惊异他，说道："非从周茂叔来耶？"可见他善开发人如此，黄庭坚尝说道："茂叔人品甚高，胸怀洒落，如光风霁月。"李延平说道："山谷此言，善形容有道者气象。"朱熹说道："山谷谓'周子洒落'者，只是形容一个不疑所行，清明高远之意，若有一毫私吝心，何处更有此等气象耶？"周子的为人，可以知道了。

（一）《太极图说》

周子说道：

　　无极而太极，太极动而生阳，动极而静，静而生阴，静极复动，一动一静，互为其根。分阴分阳，两仪立焉。阳变阴合，而生水、火、木、金、土。五气顺布，四时行也。五行一阴阳也，阴阳一太极也，太极本无极也。五行之生，各一其性。无极之真，二五之精，妙合而凝。乾道成男，坤道成女，二气交感，化生万物，万物生生而变化无穷焉。惟人也得其秀而最灵，形既生矣，神发知矣，五性感动而善恶分，万事出矣。圣人定之以中正仁义，主静，立人极焉。故圣人与天地合其德，日月合其明，四时合其序，鬼神合其吉凶，君子修之吉，小人悖之凶。故曰："立天之道，曰阴与阳；立地之道，曰柔与刚；立人之道，曰仁与义。"又曰："原始反终，故知生死之说。"大哉易也！斯其至矣！

批评《太极图说》的很多，现在先研究周子这一种的学问，究竟从哪处来的？朱震《汉上易传》说道："陈抟以太极图授种放，放授穆修，修授周子。"晁公武《读书志》以为周子受学于润州鹤林寺僧寿涯，传其太极图。陆梭山因《太极图说》和《通书》不类，疑不是周子所作的，常与朱晦庵辩论不休。朱彝尊《经义考》说道："夫太极一图，远本道书，图南陈氏，演之为图，为四位五行。其中由下而上，初一曰：玄牝之门；次二曰：炼精化气，炼气化神；次三曰：五行定位，五气朝元；次四曰：阴阳配合，取坎填离；最上曰：炼神还虚，复归无极。故曰无极图，乃方士修炼之术。当时曾刊华山石壁，相传图南受之吕岩，岩受之钟离权，权得其说于魏伯阳，伯阳闻其旨于河上公，在道家未尝诩为千圣不传之秘。周子取而转易之为图，亦四位五行。其中由上而下，最上曰：无极而太极；次二曰：阴阳配合，阳动阴静；次三曰：五行定位，五行各一其性；次四曰：乾道成男，坤道成女；最下曰：化生万物。更名之曰《太极图》，仍不没无极之旨。"从这样看来，太极图出于道家，而原于《易》教，所以周子就因此以明《易》。从古以来，最能说明宇宙和万物所以发生的道理，没有比《太极图说》再好的了，更没有比《太极图说》再简约的了，在他也不过推极阴阳消长的理由罢了。然而现在的学者，往往喜欢辨别他的所由来，如识古董的最相信议论真假，这真是无关轻重，就是说《太极图》为周子所创造，亦未尝不可以的。

无极而太极

这就是《易系辞》所说的"易有太极"，中庸所说的"上天之载，无声无臭"，并非是太极之外，复别有一种无极。周子特别加"无极"二字，乃恐怕学者为"太极"二字所拘泥，就当他另有一物。因为太极是万有的根本，并非于万有以外，超然独自存在，是不可不知的。

太极动而生阳，动极而静，静而生阴，静极复动，一动一静互为其根。分阴分阳，两仪立焉。

太极有动静，就是天命的流行，《易系辞》所说"一阴一阳之谓道"是。分阴分阳，一定不移，就是《易系辞》所说的"《易》有太极，是生两仪"。太极为形而上的，阴阳为形而下的，就其本体而论，形下固为形上所包涵，就其各个而论，形上亦为形下所不离。

阳变阴合，而生水、火、木、金、土，五气顺布，四时行焉。

太极有动静而分两仪，阴阳有变合而具五行。五行的质在地，五行的气在天。就质讲五行发生的次序，即水、火、木、金、土。水木属阳，火金属阴。就气讲五行循行的次序，即木、火、土、金、水。木火属阳，金水属阴。这就是"五气顺布，四时行焉"，《易系辞》所说的"两仪生四象"，四象就是四时。

五行一阴阳也，阴阳一太极也，太极本无极也。

今从本末两端说：木、火、土、金、水，和太极的关系，五行具则造化的发育完备。故从本末上推论，那个浑然一体，都是无极的妙处，而无极的妙处，亦都在一物的中间。虽五行的质不同，四时的气不同，然总不能离开阴阳。阴阳的位不同，动静的时不同，然总不离开太极。至太极是怎么样的？则又无声无臭，不能形容。所以《通书》第十六章说道："五行，阴阳也；阴阳，太极也；四时运行，万物始终。"又于第二十二章说道："二气五行，化生万物，五殊二实也，二本则一，是万一也；一实万分，万一各正，小大有定。"朱熹解释道："二气五行，天之赋与万物，所以生之者也。自其末溯及其本，则五行之异者，本二气之实。二气之实，又本一理之极。合万物言之，为一太极而已。自其本而行于末，则一理之实，万物分之以为体。故万物之中，各有一太极，小大之物，无不各有一定之分。"

五行之生，各一其性。无极之真，二五之精，妙合而凝。乾道成男，坤道成女，二气交感，化生万物，万物生生而变化无穷焉。

　　张宋轩解释道："五行之生，虽质有不同，然太极之理，未尝无存。五行各一其性，则为仁、义、礼、智、信，五行各专其一也。"无极之真，就是真实无妄之理；二五之精，就是纯粹阴阳五行之气；妙合而凝，就是无极二五素来融合，气凝聚而成形。原来性为其主要，阴阳五行，不过错杂其间，各以其类凝聚成形。阳而健者为男性，就是乾道；阴而顺者为女性，就是坤道。可知人物的原始，因气化而生，气聚成形，则形交气感，遂以形化；这就是万物生生变化无穷的道理。故就男女讲，男女各一其性，男女就是一太极；就万物讲，万物各一其性，万物就是一太极。就合拢讲，万物统体一太极。就分开讲，一物各具一太极。《易系辞》说道："天地纲缊，万物化醇。"这就是说气化。"男女构精，万物化生。"这就是说形化。周子的《太极图说》，和这意思相同。

惟人也得其秀而最灵，形既生矣，神发知矣，五性感动而善恶分，万事出矣。

人物的生成，都有太极的道理在内，不过阴阳五行的气质交运，在人类所得的为最秀，故人类的心为最灵，所以古语说得好："人为万物之灵。"人类的形生于阴，神发于阳。五性就是仁、义、礼、智、信，感物而动，发皆中节，就是善。发不中节就是恶。那二气五行，既化生万物。所以人类的五性之殊，又散为万事。

圣人定之以中正仁义，主静，立人极焉。故圣人与天地合其德，日月合其明，四时合其序，鬼神合其吉凶，君子修之吉，小人悖之凶。

圣人禀阴阳五行的秀气以生，原和他人是差不多的，不过圣人又得到秀中的秀，所以其行也中，其处也正，其发也仁，其裁也义。虽其一动一静，必本太极，然静为性的本真，假使非寂然无欲、不动而静，怎么样能酬酢事物的万变？故圣人主静而立人极，而天地日月四时鬼神，皆不能有所违背。《通书》第六章说道："圣人之道，仁义中正而已。守之则贵，行之则利。"所以君子修养之而吉利，小人叛逆之而凶恶，是不可不知道的。

故曰："立天之道，曰阴与阳；立地之道，曰柔与刚；立人之道，曰仁与义。"又曰："原始反终，故知死生之说。"大哉易也！斯其至矣！

天地人为三才，天道立阴阳，地道立刚柔，人道立仁义，就是《易系辞》所说："兼三才而两之故六，六者非他也，三才之道也。"三才有体有用，其实就是一太极，阳刚仁为物之始，阴柔义为物之终。能原其死，知所以生的道理，就是反其终，知所以死的道理，圣人作易的大意，不过如此。

（二）道德论

周子道德论的根基，在性善说，可分为二：（一）道德的说明。吾人的性，就是仁、义、礼、智、信的性。因接于外界而善恶生，未接的时候就是诚。周子说得好："诚者，圣人之本。'大哉乾元，万物资始。'诚之源也。'乾道变化，各正性命。'诚斯立焉，纯粹至善者也。故曰：'一阴一阳之谓道。继之者善也，成之者性也。'元亨，诚之通；利贞，诚之复。大哉易也！性命之源乎！"（通书诚上篇）《中庸》说："诚者，天之道也；诚之者，人之道也。"这就是说诚既为宇宙的原则，又为伦理的原则，周子就照这样意思说诚，故周子的诚，就是《中庸》的诚。又周子的《通书》，仍和《太极图说》相为发明，故研究周子的道德说，仍须参考他的《太极图说》。因阴阳二气流行于万物，他的中间都有诚，所以说明人性的善，尽可依据宇宙原理，就是《太极图说》所说的"太极化生万物，惟人得其秀而最灵"。故圣人所以为圣人，就在全诚，全诚就是具太极的全德。又说道："圣诚而已矣。诚，五常之本百行之原也。静无而动有，至正而明达也，五常百行，非诚非也，邪暗塞也，故诚则无事矣，至易而行难，果而确，则无难焉。故曰：'一日克己复礼，天下归仁焉。'"（诚下篇）诚为宇宙的实理，人受天所赋的实理以为性，能保全实理的就是圣人。五常是人类心德的全体，百行是人类行为的全部。诚的静无，其象为至正；诚的动有，其象为明达。不诚则不能至正，不能明达，其象为邪为暗为塞：可见得不诚就无实理；能诚则实理全备，就是《中庸》所说"诚者不勉而中，不思而得，从容中道，圣人也。"不遇须有果断的勇气，坚持的操守，以克服那个私欲，则实理保全，为诚自然易而无难。"一日克己复礼，天下归仁。"乃说他的功效迅速显著。又说道："诚无为，几善恶。德爱曰仁，宜曰义，理曰礼，通曰智，守曰信。性焉安焉之谓圣，复焉执焉之谓贤，发微不可见充周不可穷之谓神。"（诚几德第三）心德可分为五：博爱众庶的德就是仁，适宜处事的德就是义，节文条理的德就是礼，通达事理的德就是智，守约施博的德就是信，又称为五常，《太极图说》所说的"五性感动而善恶分，万事出矣"。就可知五常为人性所固有，而发而中节为善，发不中节为恶，故所以说"诚无为，几善恶。"性虽分为五，然皆不离乎诚，圣人任性而安行，贤人复礼而固执，圣人立诚明几而德全备，贤人思诚研几以成其德，其所发微妙，而不可见，所充周遍而不可穷，则又到孟子所说"圣而不可知之之谓神"的地位。又说道："寂然不动者诚也，感而遂通者神也，动而未形有无之间者几也。诚精故明，神应故妙，几微故幽。诚神几曰圣人。"（第四圣篇）周子以人类中最优秀的，称他为圣人，而形容圣人的德为诚神几三种，这语气也自从《易经》得来的。又说道："动而正曰道，用而和曰德。匪仁、匪义、匪礼、匪智、匪信、悉邪也，邪动辱也，甚焉害也，故君子慎动。"（第五慎动）吾人行为的善恶，就在几微间，故君子必谨几，谨几必慎动，《中庸》所说"发而皆中节谓之和"，亦警戒人的发动，与周子此节所说相发明。又说道："圣人之道，仁义中正而已矣。守之贵，行之利，廓之配天地，岂不易简，岂为难知，不守不行不廓耳。"（第六道篇）周子《太极图说》，亦说过"圣人定之以仁义中正而主静，立人极焉"。因能保全仁义中正的道，就是圣人。失去仁义中正的道，就是小人。《太极图说》就以道的有无，为君子小人分别的标准，末说不守不行不廓，就是叹小人的志行薄弱，是不可不知的。

（三）修养的方法

周子所说修养法有二：就是思和寡欲。周子说道：
"洪范曰：'思曰睿，睿作圣。'无思，本也，思通用
也，几动于彼，诚动于此，无思而无不通为圣人，不
思则不能通微，不睿则不能无不通。是则无不通生于通
微，通微生于思，故思者圣功之本，而吉凶之几也。"
（第九思章）善恶的几甚微，不思则不能辨明，由思而
后可到无思的地位，无思就合于诚。故又说："士希
贤，贤希圣，圣希天。"士的希贤希圣，亦是思的动
作，所以思为圣功的根本。又说道："'圣可学乎？'
曰：'可。'曰：'有要乎？'曰：'有。'"请闻
焉：曰："一为要，一者无欲也，无欲则静虚动直，静
虚则明，明则通，动直则公，公则溥，明、通、公、
溥，庶矣乎？"（第二十怪学章）朱子解释道："一即
所谓太极，静虚即阴静，动直即阳动，静、明、通、
公、溥便是五行。"静虚无欲的话，宋以前释老多说

过，自周子以后，又为儒者修养的根本。周子本为穷禅客，儒中带禅，那是自然而然的。

（四）政治论

政治以修身为根基，周子曾说道："十室之邑，人人提耳而教且不及，况天下之广，兆民之众哉？曰：纯其心而已矣。仁义礼智四者，动静言貌视听无违之谓纯，心纯则贤才辅，贤才辅则天下治。纯心要矣，用贤急焉。"（治章第十二）而超越修身的圣人，他的政治全体乎仁，就是合于宇宙的绝对，故他的政治和天相同，周子说道："天以阳生万物，以阴成万物。生，仁也；成，义也。故圣人在上，以仁育万物，以义正万民。天道行而万物顺，圣德修而万民化，大顺大化，不见其迹，莫知其然谓之神。故天下之众，本在一人，道岂远乎哉？术岂多乎哉？"（顺化第十一）又说道："天以春生万物，以秋止之，物生不止则有恐，故

032

得秋以成。圣人法天，以政养万民，以刑肃之，民欲动情胜，利害相攻不止，则贼灭而无伦，故得刑以治之。"（刑第三十六）又主张制礼乐以化醇万民，说道："古者圣王制礼法而修教化，三纲正，九畴叙，百姓大和，万物咸顺，乃作乐以宣八风之气，以平天下之情。故乐声淡而不伤，和而不淫，入于其耳，不感其心。淡且和也，淡则欲心平，和则躁心释。优柔平中，德之盛也，天下化中，治之至也，是谓道配天地。"（乐上第十七）礼乐的前后是怎样，则说道："不可不礼先而乐后，何则万物各得其理，然后以和。"（礼乐第十三）

周子又说道："道义者身有之则贵且尊，人生而蒙，长无师友则愚，是道义由师友有之而得贵且尊，其义不亦重乎？"（师友下第二十五）既说人生而蒙，则当然不能与先天良心论调和。

《太极图说》和《通书》有没有两样的地方，《通书》和《太极图说》相同的点，如："二气五行，化生万物。"（理性命第二十二）"动静五行，一太极也。"（动静第十六）"圣人之道，仁义中正而已。"（道第六）"一者无欲也，无欲则静虚动直。"（圣学第三十）等说是。其不相同的点，如《太极图说》由宇宙而论及人生，通书以人性为诚是。然而究竟就相同的点细细观察，《太极图说》和《通书》，的确是一手所成，请不必多疑了。

主张《太极图说》非周子所作的，就是陆梭山（象山兄）因《通书》无"无极"二字的缘故。陆梭山与朱子书，且让一步说，"假令是其所传，必其少时之作，作《通书》时已知其误，故不曰无极"。胡五峰亦说："先生非止为种穆之学者，此特其学之一师耳，非其至者也。"（通书序）五峰的意思，以为《太极图》乃周子受于种穆，《通书》为其发明。主张《太极图说》绝对为周子所作的，就是潘清逸，他作濂溪墓志，最称重

《太极图说》，而朱晦庵所主张，亦全然相同。

总而言之，开宋儒的哲学，为东洋思潮的渊源，就是这篇《太极图说》，因为"无极而太极"一语，于整理思想实最便利，所以学者多信服得很。

邵子

宋真宗太中祥符四年生，神宗熙宁十年卒，年六十七。

邵雍字尧夫，其先范阳人，父祖皆不仕，后雍葬亲于河南，遂为河南人。少时慷慨有大志，曾说道："先王之事必能为。"初学于百源，刻苦绝人，叹道："昔人尚友于古，而吾未尝及于四方，已可耶？"遂走吴，适楚，过齐鲁，作客于梁晋而归。李之才授以图书先天象数图，很多心得处。宋举遗逸，试作监主簿，后又为颍州团练推官，托疾不出。安石新法事起，州县官吏，大都辞职去，邵子说："此正贤者尽力之时，宽一分则民受一分之福。"治平年间，邵子在天津桥上散步，闻杜鹃啼，叹道："不二年南人入而为相，天下多事矣。"人问其故，说道："天下治时，地气由北而南；乱时，由南而北。洛阳旧无杜鹃，今始至此，南方之地气至也。禽鸟飞类，得气之先者也。"及安石入，他的话果验。邵子在洛三十年，住处很简陋，接人不分贵贱，士人过洛的，大都来访先生。春秋佳日，游行城中，士大夫家听其车声，都欲欢迎，虽童仆也知欢喜尊奉。邵子能以学自任，说道："仲尼后禹千五百余年，今之后仲尼又千五百余年，虽不敢比仲尼上赞尧舜，岂不敢比孟子上赞仲尼乎？"（观物内篇六）又说道："人惜仲尼无土，吾以为仲尼以万世为土，不以州域为土。"亦可以知道他的学问程度。将死，对司马光说道："试与观化。"光道："未至于此。"邵子道："死生亦常事。"神宗熙宁十年卒，哲宗元祐年中赐谥康节。张载、程颢、程颐等，皆以学相交。著书有《皇极经世书》十二篇，各篇名《观物》，《皇极经世》以天地的理，测度人世，所以名为《观物》。十二篇外，有《观物外篇》二篇，乃门人的手录。上说均载《性理大全》，另外有《观物篇》五十篇，统共六十四篇，为《皇极经世》全书。明弘治年间，黄畿得于《道藏》中，而程伯淳作的墓志铭，说："先生有书六十二卷，命曰《皇极经世》。"乃去外二篇而说的。此外有先天图《渔樵问答》一篇，有人说："是邵雍所作的。"有人说："是他的子伯温所作的。"此外有《无名公传》，专述邵子一生，恐非自己所作的。《伊川击壤集》，集所作律诗二千篇。研究哲学原理，可于先天图《观物内外篇》去求。邵子与宋时其他哲学家不同，以孔子徒自任，惟不视老庄为异端，曾说道："庄周雄辩，数千年一人而已，如庖丁解牛，曰：'踟蹰回顾。'孔子观吕梁之水，曰：'蹈水之道无私。'皆经理之言也。"（观物外篇下）又说道："老子五千言，大抵皆明物理。"又以《庄子》与《易》与《中庸》相比，说道："庄子曰：'庖人虽不治庖，尸祝不越樽俎而代之矣。'此'君子思不出其位''素位而行'之意也。"邵子从不非老庄，就与一般宋儒不同处，惟对于佛氏很排斥，曾说道："佛氏弃君、臣、父、子、夫、妇之道，岂自然之理哉？"（观物外篇下）邵子的学术系统如下：（参考程伯谆及黄百川之说）

陈抟　种放　穆修　李之才　邵雍

图书先天象数学，就是照此授受。

（一）先天学

邵子的纯正哲学，就是先天学。他的意思，以为自然界的法则，和精神界的法则，毕竟是同一，所以他的立说，近于先天唯心论。他说道："先天学，心法也，图皆从中起，万化万事，生于心也。"（卦位图宋元学案十）又说道："心为太极。"他解释太极道："太极不动，性也。发则神，神则数，数则象，象则器，器之变，复归于神也。"从这点上看来，邵子所为一切的法则，皆从吾心出，都可以证明。换句话讲，宇宙的法则，就是我心的法则，这两样是同一的物。如过将一切的法则约略起来，就是《易系辞》所说："易有太极，是生两仪，两仪生四象，四象生八卦。"这很可以供参考。宇宙由这个法则司配，而万事万物，亦由这个法则司配。惟就论理的观念讲，当然有时间的前后，邵子说道："万物各有太极两仪四象八卦之次，亦有古今之象。"（外篇上）这古今之象的一句话，比较周子思想更进一步。所以讲到太极，便要想到两仪和四象，而和邵子太极、两仪、四象，三阶程相应的，还有客观的三阶程成立可以想到，就是和太极相应的有道。这是，没有什么差别和平等，乃绝对的，和两仪相应的有阴阳，和四象相应的有现象界，这三样如果吾人以主观的去区别他，那么就是现象中有阴阳，阴阳中有道，这道是目不能见耳不能听的。邵子说："道无形行之，则见于事矣，如道路之道垣然，使千亿万年行之，人知其归也。"（内篇九）

阴阳本差别，而同时又为无差别，从无差别方面看就是道，除阴阳外亦无道。换句话讲，从本体方面看是道，从发现方面看就是阴阳。邵子说道："无极之前，阴含阳也。有象之后，阳分阴也。"而阴阳就是道。邵子又说明其关系，说道："如其必欲知仲尼之所以为仲尼，则舍天地将奚之焉？人皆知天地之为天地，不知天地之所以为天地，如其必欲知天地之所以为天地，则舍动静将奚之焉？夫一动一静者，天地至妙者欤！夫一动一静之间者，天地之至妙者欤！是故知仲尼之所以能尽三才之道者，谓其行无辙迹也，故有言曰：'予欲无言。’又曰：‘天何言哉？四时行焉，百物生焉。’其斯之谓欤？"（内篇）他说一动一静，天地至妙，这话大可注意，这就是说阴阳的关系，此外无他道的。

阴阳由二数司配，现象由四数司配，现象就是阴阳，阴阳现象，并非有二，惟易以二为根本的数。扬雄、关朗提出三数，邵子以四数为根本，且具体的应用于事物之说明。其法，一一直线上四数顺次而进，如春夏秋冬是。一累进的，如元会运世是。一空间的，适用于物象。一时间的，适用于天地万物的生成。

天地的过程，就是测度宇宙变迁的过程，于时间有关系的。时间的单位为辰，十二辰为日，三十日为月，十二月为一年，一年就是万物一新的时候。三十年为一世，十二世为一运，三十运为一会，十二会为一元，一元就是天地一新的时候。天地一变迁间，万物成无数的变化。一年中月圆十二回，日来中央三百六十五回，然而天地的过程，尚不止此。终而复始，元在大化中，犹如地上一年，积三十，乘十二，乘三十，乘十二时又成一大变迁，这就是元之元，元之元亦犹如一年，更积三十，乘十二，乘三十，乘十二时更成一大变迁，这就是元之元之元。照这样看来，可以运用无穷。邵子对于时间很注意，说道："夫古今者，在天地之间，犹旦暮也；以今观今，则谓之今矣；以后观今，则今亦谓之古矣；以今观古，则谓之古矣；以古自观，则古亦谓之今矣。是知古亦未必为古，今亦未必为今，皆自我而观之也。安知千古之前，万古之后，其人不自我而观之也。"（内篇五）原来时间与他的本身上本无差别，惟过后欲将他为标准，则不得不有古今的差别，万物的生成，亦应用四数，生成万物的缘故，在天为日（太阳）、月（太阴）、星（少阳）、辰（少阴）。在地为水（太柔）、火（太刚）、土（少柔）、石（少刚）。日月星辰之交，为天体。水火土石之交，为地体。天应于日、月、星、辰，而有寒、暑、昼、夜，这就是变天一切的原动力。地应于水、火、土、石，而有雨、风、露、雷，这就是化地一切的原动力。由原动力而变化进动如下：

暑变物之性　雨化物之走

寒变物之情　风化物之飞

书变物之形　露化物之草

夜变物之体　雷化物之木

　　这未能一一解释。性、情、形、体之交，为动植之感，走、飞、草、木之交，为动植之应。感与应相合，而万物生成。怎样称为动植之感，和动植之应，又是不可解的。惟人不为暑、寒、昼、夜所变，不为雨、风、露、雷所化，不感性情形体，不应走飞草木，而其余的物，皆受其中间的一部分。因此缘故，人的目善看万物的色，耳善听万物的声，鼻善嗅万物的气，口善尝万物的味。所以人为万物之灵，就是人能备天地万物。当人与圣人怎样的区别？人兼一切万物，就是兆物之物，圣人兼一切人，就是兆人之人。怎样称兆人之人？因其备兆人之人的共通普遍性，故说道："圣也者，人之至者也。"（内篇二）"达于此域，则上识天时，下识地利，中通物情，通照人事。又能弥纶天地，出入造化，进退今古，表里人物。"（内篇二）"此物谓无我之域，以物观物，不以我见物。"（内篇十二）

（二）经世论

邵子对于世间万事，皆主张以四数行的，曾说道："善化天下者止于尽道，善教天下者止于尽德，善劝天下者止于尽功，善率天下者止于尽力。以道德功力为化者谓皇，以道德功力为教者谓帝，以道德功力为劝者谓王，以道德功力为率者谓伯。以化教劝率为道者谓易，以化教劝率为德者谓《书》，以化教劝率为功者谓

《诗》，以化教劝率为力者谓《春秋》。"（内篇五）

"《易》《诗》《书》《春秋》，为圣人之经。天之时不差则岁功成，圣经不差则君德成，天有常时，圣有常经。行之正时则正，行之邪时则邪，邪正由于人，而不由于天，不可不谨也。"（内篇九）"然有人力不及自然之变迁，尧舜禹汤虽其心则一，而其迹自异。尧让于舜以德，舜让于禹以功，以德为帝，以功亦为帝，然下德一等时，则入于功。汤伐桀以放，武伐纣以杀，以放为王，以杀亦为王，然下放一等时则入于杀。故时有消长，事有因革，前圣后圣，非出于一途也。"（内篇七）"三皇为春，五帝为夏，三王为秋，五伯为冬。"（内篇九及十）更进一步说道："七国为冬之余冽，汉于王不足，晋于伯有余。三国为伯之雄者，十六国为伯之丛者，南五代为伯之借而乘者，北五代为伯之传舍者，隋为晋之子，唐为汉之弟。隋季诸郡之伯，为江汉之余波。唐季诸镇之伯，为日月之余光。后五代之伯，为日未出之星。"（内篇十）邵子又就因革，而以累积法发表其意见，说道："因而因者（正命）长而长，为千岁之事业。因而革者（受命）长而消，为百世之事业。革而因者（改命）消而长，为十世之事业。革而革者（摄命）消而消，为一世之事业。此既三皇五帝三王五伯之道。若夫可因而因，可革而革，为万世之事业，孔子之事也。孔子曰：'殷因于夏礼，所损益可知也。周因于殷礼，所损益可知也。其或继周者，虽百世可知也。'然如以上所论，由时间的顺序而进，不止百世，虽亿万世皆可知也。"（内篇五）

（三）伦理说

邵子讲性，亦主张性善，说道："性者，道之形体也，性伤则道亦从之矣；心者，性之郭郭也，心伤则性亦从之矣；身者，心之区宇也，身伤则心亦从之矣；物者，身之舟车也，物伤则身亦从之矣。"《邵子全书》十八又伊川《击壤集自序》又说道："性者，道之形体也，道妙而无形，性则仁、义、礼、智具而体著矣。"（性理大全）这就是说仁、义、礼、智，为性中所固有，是性善说。又论性情道："以物观物，性也，以我观物，情也。性公而明，情伦而暗。"（观物外篇）又说道："任我则情，情则蔽，蔽则昏矣，因物则性，性则神，神则明矣。潜天潜地，不行而至，不为阴阳所摄者，神也。"（观物外篇）这就是程明道廓然大公物来顺应的意思。性无我，自能全性，并能处事，故说道："心一而不分，则能应万变，此君子所以虚心而不动也。"（观物外篇）刘绚问无为，说道："时然后言，人不厌其言，乐然后笑，人不厌其笑，义然后取，人不厌其取。此所谓无为也。"（观物外篇）又论为学修身的重要，说道："君子之学，以润身为本，其治人应物，皆余事也。"（观物外篇）又说道："人必内重，内重则外轻。苟内轻，必外重。好名好利，无所不至。"（观物外篇）乃说学者的极功道："学不至于乐，不可谓之学。"又道："学不际天人，不足以谓之学。"（观物外篇）邵子见解极高，故其言语亦有超然自得之处。

张子

宋真宗天禧四年生，神宗熙宁十年卒，年五十八。

张载字子厚，大梁人。年少的时候，喜欢谈兵，有大志气。年十八，上书谒范文正公，公一见即赏识他，说道："儒者自有名教可乐，何事于兵。即劝他读《中庸》，张子读后，还以为不足，遂读释老的书，亦觉无所得，乃反求之六经。嘉祐初年到京师，见程氏兄弟说到道学的重要，乃了解，说道："吾道自足，何事旁求。"于是尽弃异学。本在京讲《易》，乃对学者道，"今二程兄弟深明《易》道，可往师之，吾不及也。"

即日停讲。应文潞公聘为学官，很优待。熙宁初年，以吕正献公荐，召见，神宗问治道，对以复三代。时王安石正行新法，张子不以为善，遂记疾归，终日独坐一室，且读且思，心有所得，虽中夜必取烛疾书，说道："吾学既得诸心，乃修其辞命，命辞无失，然后断事，断事无失，吾乃沛然。"又告学者道："学必如圣人而后已，知人而不知天，求为贤人，而不求为圣人，此秦汉以来学者之大蔽也。"他的学问，以《易》为宗，以《中庸》为的，以《礼》为体，以孔孟为极。他深信《周礼》，必可行于后世，说道："仁政必自经界始，经界不正，即贫富不均，教养无法，虽欲为治，牵架而已。"将与学者买田一方，画为数井，以研究三代遗法，未成而卒。所著有《正蒙经学》《理窟》《易说语录》《西铭》《东铭》等。

程子说道："世学胶固不通，故张子立太虚一大以激励之。"所以无论怎样，张子于宋初学风，极有影响，而在程子等上，且张子学说，能发见老佛的缺点，所以他要排斥老子的虚无论，及释氏的见病论。

（一）太虚论

张子的根本主义为太虚，太虚就是气，那个苍苍焉茫茫焉的都是气，故太虚为实在者。（二上八）惟太虚应从两方面看，一从自动的方面，一从本性的方面：从自动的方面看时，他的中间有活动性，这样就称为太和；从本性的方面看时，其德为虚明。（二上九三）太虚凝聚的时候，就是物。故万物为太虚所变化的客形，而本体就是太虚；万物分散，则仍复归于本体的太虚。今再说明张子所讲的太虚，

（1）太虚就是气，是真正存在的物。为张子所主张的。他以为老子所说有自无生，这理决不可通。

（2）太虚就是万物，万物为太虚所凝聚而成的。譬如元素，能组成一物，可知万物决非悬在于太虚中

的。如以太虚与万物分为二时，则与佛氏以山河大地为见病，其弊相等。

（3）所说中间有活动性，就是阴阳屈伸相感的性，研究这理的，就是《易》，故《易》非本体论，乃专论法则的。所以圣人的书，无尝说有无者！（三中十二）惟万物从阴阳的原则而生，而从未有两物相同的，且一物亦有阴阳左右，故说道："天下之物，无两个有相似者。"（十二五）这和德国哲学家赖勃尼志取两叶细看，无相同处，极相似。

附张子的原说：

　　太和所谓道，中涵浮沉升降相感之性，是生絪缊相荡胜负屈伸之始，其来也几微易简，其究也广大坚固，起知于易者乾乎？效法于简者坤乎？散殊而可象为气，清运而不可象为神，不如野马絪缊不

足谓之太和。（太和）

气块然太虚，升降飞扬，未尝止息。《易》所谓绚缊，庄生所谓生物以息相吹野马者与？此虚实动静之机，阴阳刚柔之始，浮而上者阳之清，降而下者阴之浊，其感遇聚散，为风雨，为雪霜，万品之流形，山川之融结，糟粕煨烬，无非散也。（同上）

太虚无刑，气之本体，其聚其散，变化之客形尔。至静无感，性之渊源，有识有知，物交之客感尔。客感客形，与无感无形，惟尽性者能一之。（同上）

天地之气，虽聚散攻取百涂，然其为理也，顺而不妄。气之为物，散人无形，适得吾体。聚为有象，不失吾常。太虚不能无气，气不能不聚而为万物，万物不能不散而为太虚，循是出入，是皆不得已而然也。然则圣人尽道其间，兼体而不累者，存神其至矣。彼语寂灭者往而不反，徇生执有者物而不化，二者虽有间矣，以言夫失道则均焉。聚亦吾体，散亦吾体，知死之不止者，可与言性矣。（同上）

知虚空即虚，则有无隐显，神化性命，通一无二，顾聚散出入形不形，能推本所从来，则深于《易》者也。若谓虚能生气，则虚无穷，气有限，体用殊绝，入老氏有生于无自然之论，不识所谓有无混一之常。若谓万象为大虚中所见之物，则物与虚不相资，形自形，性自性，形性天人不相待，而有陷于浮屠以山河大地为见病之说。此道不明，正由懵者略知体虚空为性，不知本天道为用。反以人见之小，因缘天地，明有不尽，则诬世界乾坤为幻化幽明，不能举其要，遂躐等妄意而然。不晓一阴一阳，范围天地，通乎昼夜，三极太中之举，遂使儒佛老庄，混然一涂。语天道性命者，不罔于恍惚梦幻，则定以有生于为无，穷高极微之论。入德之途，不知择而求，多见其蔽于诐而陷于淫矣。（同上）

气之聚散于太虚，犹冰凝释于水。知太虚即气则无无。故圣人语性与天道之极，尽于参伍之神，变易而已。诸子浅妄，有有无之分，非穷理之学也。（同上）

由太虚有天之名，由气化有道之名，合虚与气有性之名，合性与知觉有心之名。（同上）

张子又以太虚生阴阳二气，故二气同为太虚，惟其凝聚性不同，兹述其所生关系。

（4）张子解释鬼神为二气之良能："与鬼者归也，神者伸也。气之伸者为神，气之屈者为鬼。""人死，肉归于土，血归于水，骨归于石，魂升于天。"等话略同。说道："鬼神者，二气之良能也，圣者至神得天之谓，神者太虚妙应之目。凡天地法象，皆神化糟粕尔。天道不穷，寒暑已。众动不穷，屈伸已。鬼神之实，不越二端而已矣。"（太和）又说道："鬼神往来屈伸之义，故天曰神，地曰示，人曰鬼。"（正蒙神化篇）可知天神地示人鬼，就是指二气变化良能而说，并非别有其他想象的鬼神。古人相传下来有祭祀，正因见阴阳造化，神妙无穷的缘故。

（5）天地亦是一个气。地在纯阴中凝聚，天在浮阳外运旋，这就是天地的常体。恒星系附于天，与天共同运旋而无穷。日月五星逆天而行，并包地。地在气中，随天左旋，地所系辰象，随天稍迟，故如右。（二中二）此非天动说，亦非地动说，是天地共动说。

（6）二气化成万物，阴的性为凝聚，阳的性为发散，雨、风、雷、露，皆其结果。总而言之，太虚以自己的能力，先作阴阳两者，而阴阳两者，再生成万物。

就以上所论，可知宇宙全是太虚的凝聚分散，此外无他道。张子的世界观为一元的，和万物互相贯通，这一点与哈德门的无意识界之万物交通极相同，惟张子所假定的，以太虚为本体，决非哈德门的无意识的实在可混同。张子的本体在空间内，故为一元的，而其立脚地为经验的，至于哈德门的实在为超经验的。相当的说来，张子的一元，非形而上的，为形而下的。故张子为纯粹的，模范的，唯物论者。

（二）伦理论

张子立一元的世界观，以太虚为其根本主义，一切万物，皆是太虚的客形，人亦是太虚凝聚的。太虚的性为虚明，故人的性亦虚明，这是本然的。惟太虚凝聚的时候，有清有浊，故各人的气质亦不能相同。张子又以虚附带弘大之意义，说道："天地以虚为德。虚即至善，而为仁所发，忠恕与仁俱发者，而礼义为仁之用。"各人的气质，由气的清浊而成。故如草木亦有气质，惟不能均齐，而教育的重要，就能变化气质。气质有分别，就有我的所以然，气质变却的时候，就非我，非我就与天同一。太虚凝聚而成人，故人的本性为虚明，虽然，人有知有识，这不过人与物相接触的关系。换句话讲，就是人与物或物与物相接触所发生的结果。

张子关于心的见解，说道："合性与知觉有心之名。"（七二上）"心统性情者也。"（语录）"太虚者，心之实也。"（七十二）他从太虚所立一元的世界观，怎样的观心？虽不很明了，惟察他的意，以心为太虚所凝聚，触物而生知觉，说道："人本无心，因物为心。"（十二十四）又说道："不可以闻见为心。若以闻见为心时，天下之物，一一不可闻见，毕竟心为小者。如心合于太虚，心即虚时则公平，公平时是非较然可见，可为不可为之事，可自知也。"（六十十一）因为太虚含蓄一切的理，故人心虚明时，太虚的理法，历历可见。

张子教学者先以《礼》，而同时有程明道教学者先以忠信。张子为人严正，明道为人浑笃。故所教学者，亦与各人的性质相适。张子关于礼的见解，说道："一切万物之生成，有一定之秩序，此即礼也，故礼即道也，道为太虚中所含蓄者。由是观之，礼非出于人而出于天者。出于天者，是决不可变。在天为天序、天秩。在人为尊、卑、长、幼。守之即所以守礼。惟太虚为物之性，故守礼即所以持性，持性即所以反本。故未成性之时，须以礼守之。"（五四）

附张子关于伦理的话：

乾称父，坤称母，予兹貌焉，乃混然中处。故天地之塞吾其体，天地之帅吾其性，民吾同胞，物吾与也。大君者吾父母宗子，其大臣宗子之家相也。尊高年所以长其长，慈孤弱所以幼吾幼，圣其合德，贤其秀也。凡天下疲癃残疾，茕独鳏寡，吾兄弟之颠连而无告者也。于时保之，子之翼也。乐且不忧，纯乎孝者也。违曰悖德，害仁曰贼，济恶者不才，其践形惟肖者也。知化则善述其事，穷神则善继其志，不愧屋漏为无忝，存心养性为匪懈。恶旨酒，崇伯子之顾养。育英才，颖封人之锡类。不弛劳而底豫，舜其功也。无所逃而待烹，申生其恭也。体其受而归全者参乎？勇于从而顺令者伯奇也。富贵福泽，将以厚吾之生也。贫贱忧戚，庸玉女于成也。存吾顺事，没吾宁也。（西铭全文）

形而后有气质之性，善反之则天地之性存焉，故气质之性，君子有弗性者焉。盖天命之所流行，赋与万物而纯粹至善者曰天地之性。气聚成形，其气质有纯驳偏正之异者，曰气质之性。若能变化气质，则天地不失其初，而能复于本然之善矣。然本然之性，非离气质而别存。气质之性，亦非纯出于恶。惟气质有所杂糅，故不能一于善耳。学者当变化其气质之恶以进于善，又当充其所谓善者焉。故曰：人之刚柔缓急，有才与不才，气之偏也。天本参和不偏，养其气反之本而不偏，则尽性而天矣。性未成则善恶混，故亹亹而继善者，斯为善矣，恶尽去则善因以亡，故舍曰善，而曰成之者性。（正蒙诚明篇）

湛一气之本。攻取气之欲。口腹于饮食，鼻舌于臭味，皆攻取之性也。知德者属厌而已，不以嗜欲累其心，不以小害大，不以末丧本焉尔。（同上）

德不胜气，性命于气；德胜其气，性命于德。穷理尽性，则性天德，命天理，气之不可变者，独死生修夭而已。故论死生则曰有命，以言其气也，语富贵则曰在天，以言其理也。此大德之所以必受命，易简理得而成位乎天地之中也。（同上）

极善者须以中道，方谓极善。故大中谓之皇极。盖过则便非善，不及亦非善。（语录）

为学大益，在自能变化气质，不尔卒无所发明，不得见圣人之奥。故学者先须变化气质，变化气质，与虚心相表里。（理窟如理）

变化气质，孟子曰："居移气，养移体，况居天下之大居者乎？"居仁由义，自然心和而体正，更要约时，但拂去旧日所为，使动作皆中礼，则气质自然全好。《礼》曰："心大体胖。"心既弘大，自然舒大而乐也。若心但能弘大，不敬谨则不立。若但能谨敬，而心不弘大，则人于隘。须宽而敬，大抵有诸中必形诸外，故君子心和则气和。心正则气正，其始也固亦须矜持，古之为冠者以重其首，为履者以重其足，至于盘盂几杖为铭，皆以慎戒之。（理窟气质）

张子立了一个根本主义，解释宇宙一切现象，并以礼立修身基础，以复性之虚明，希望和天地的太虚混同一体。其思想极明白，其组织少矛盾。张子的哲学可注意的，就是太虚即气。气的本性虚而神，且具备一切的法则，若以气与太虚分开，则其哲学完全失去意义。

伊川说道："横渠教人以礼，是激于时势也。然只管正容谨节，久而起嫌厌之情，以此而学者无传之者。"（上蔡语录上）

大程子

宋仁宗明道元年生，神宗元丰八年卒，年五十四。

程颢字伯淳，河南人。父珦官至大中大夫。颢十五岁时，同其父及弟颐就周茂叔而问学，慨然有求道的志愿，而厌科举业。中进士后为泽州晋城令，告民以孝、弟、忠、信。各乡皆设学校，暇时亲到学校，召父老与他谈话。又儿童所读书亲正句读。起初晋城风俗很野陋，十余年而衣儒服的有数百人。神宗闻颢名，召见时从容与谈，尝说道："人主当防未萌之欲。"当时王安石为相，颢进见，每说君道当本至诚仁爱，未尝及于功利。神宗虽疑他言论迂阔，然礼貌未衰。曾赴中堂议事，安石正对人发怒，厉色以待，颢说道："天下事非一家私议，愿公平气以听。"安石很抱愧。后历任诸官而卒，文彦博题其墓称为明道先生，著作有诗文数十篇，独《语录》一书，载其学说，现尚有《二程全书》。明道尝说道："异日能使师道尊严者吾弟也。"伊川亦尝对张绎道："我昔为明道先生行状，我道盖与明道同，异时欲知我者，求之此文可也。"

孔子的思想，载在《论语》，其思想的中心点，在完成自己人格。孔子没后，独孟子能绍述。宋代学术勃

兴，有周子，有邵子，皆为哲学家，然尚不能得孔子
真意，能得孔子真意的，惟程明道。伊川作明道行状，
说道："先生生千四百年之后，得不传之学于遗经。"
此说甚当。又说道："先生为学，自十五六时，闻汝南
周茂叔论道，遂厌科举之业，慨然有求道之志，未知其
要，泛滥于诸家，出入于老释者几十岁，返求诸六经而
后得之。"六经就是《书》《诗》《礼》《乐》《易》
《春秋》，明道学问根柢，于《易》最深，故说道：
"圣人用意深处，全在《系辞》，《诗》《书》乃格
言。"（二程全书二一）所以他的思想，都是在《易》
中求得：《易》为哲学书，研究宇宙生成，所以明道的
思想，亦为哲学的。他说道：

> 生生之谓易，是天之所以为道也。天只是以生
> 为道，继此生理者，只是善，个便为一元的意思。
> 元者善之长，万物皆有春意，便是继之者善也，成

之者性也，成却待万物自成，其性须得。（二程全书二二十二）

又以元为元气，即是善。说道：

　　一阴一阳之谓道，自然之道也。继之者善也，有道则有用。元者善之长也，成之者却只是性，各正性命也。故曰：仁者见之谓之仁，智者见之谓之智。（宋元学案十三三十六）

又说道："仁者体也，义者用也。"（同二十一）以仁为万物本性的意，于此可见。

伊川说："仁即性也。"（二程全书四十九九十五）

是深知明道思想的，故明道的思想，仁与性与元气为同一的。

（一）宇宙观

明道的宇宙论，虽从《易经》得来，惟未曾用过太极二字，但以乾元气为宇宙的根本。他说道："天地之大德曰生，天地纲缊，万物化醇。"（二程全书十二）纲缊就是阴阳二气的交感，不过二气须相待而成，故又说道："独阴不成，独阳不生。"（同上一）"地气不上腾，则天气不下降。天气降至地，地中生物者皆天气，唯无成代有终者地道。"（同上十二）"万物本于天。""万物形成于地。"（同上五）"天只主施，成之者地。"（同上七）所以明道的宇宙万物发生说，可称他为乾元一气说，无论人类禽兽草木，都是乾元一气所生，惟二气交感，有偏正的差别，他说道："人与物但气有偏正，得阴阳之变者为鸟、兽、草、木、夷、狄，受正气者为人。"（同上一）可知人类和万物，受气是一样的，不但形体一样，连心灵也一样，不过中为人所独得的，他说道："天地间，非独人为至灵，自家心便是草木鸟兽之心，但人受天地之中以生。"（同上一）明道又有宇宙真相观，以宇宙万物，皆阴阳二气所生，而二气所留的形迹，互相对待，说道："天地万物，无独有待，皆自然而然。"（同上十二）又说道："万物莫不有对，一阴一阳，一善一恶，阳长则阴消，善增则恶减。"（同上）又说道："事有善有恶，皆天理也，天理中物须有善恶，盖物之不齐，物之情也，但当察之，不可自入于恶，流为一物。"（同上二）又说道："天下善恶皆天理，谓之恶者非本恶，但或过或不及便如此，如杨墨之类。"（同上）又说："横渠立清虚一大为万物之源，有所未安，须兼清浊虚实，乃可言神也。"这就是表明世界，不专靠善美清虚而成的，明道所讲的善恶，是从过不及而来，是互相对待的。因为世界上不能有善而无恶，如小、大、厚、薄、长、短、清、浊等，皆是对待的。倘若强为齐同，那是违背天理，为世界上必无的事情，正可说误解宇宙的真相。不过生在这个对待的世界上，能专向好的路上走，"不可自入于恶，流为一物"，是吾人所应当注意的。

（二）伦理说

先就明道讨论性的方面研究，他说道："生之谓性，性即气，气即性，生之谓也。"（二程全书一十三）明道说万物都受乾元一气而生，有生都受气，受气都有性。人性虽较万物为善，然仍是相对的善。人类万物的善恶，本来不齐，乃宇宙的真相，故不说性有清虚绝对的善。

人生气禀，理有善恶，然不是性中元有此两物相对而生也，有自幼而善，有自幼而恶，是气禀然也。宇宙的真相，就是理，善就是中节，恶就是过不及，无善则无恶，无恶则无善，不是二物，与扬雄性善恶混说不同。善固性也，然恶亦不可不谓之性也。人受气，即有性，故善恶皆是性。这话明道最容易受人攻击，惟但说性至善，亦不合理。

盖生之谓性，人生而静以上不容说，才说性时，便已不是性也。凡人说性，只是说继之者善也，孟子言人性善是也。人生而静，善与恶皆无从说起。明道说性即气，气即性，乃气质之性，未说到本然之性，故可言善恶。《易》说继之者善，孟子说人性善，皆是此类，不可混乱。

夫所谓继之者善也，犹水流而就下也。皆水也，有流而至海，终无所污此，何烦人力之为也；有流而未远，固已渐浊；有出而甚远，方有所浊；有浊之多者，有浊之少者，清浊虽不同，然不可以浊者不为水也。如此则人不可以不加澄治之功。故用力敏勇则疾清，用力缓怠则迟清。及其清也，则却只是元初水也，亦不是将清来换却浊，亦不是取出浊来置在一隅也。水之清则性善之谓也，固不是善与恶在性中为两物相对，各自出来，此理天命也。顺而循之，则道也；循此而修之，各得其分，则教也。这单以下流的水作譬喻，以表明善恶发动之不同，和孟子所说"人性之善也，犹水之就下也"不可作一样解释。且善恶均非绝对的，是相对的，和水一样，浊的仍可以使清，水浊复清，只须澄治，性恶复善，只须循修。天命和道教，皆不可忽略。

明道尝与张横渠论定性工夫，他说道："所谓定者，动亦定，静亦定，无将迎，无内外。苟以外物为外，牵己从之，是以己性为有内外，且以己性为随物于外，则当其在外时，何者为在内，是有意绝外诱，不知性无内外也，既以内外为二本，则又恶可遽语定哉？夫天地之常，以其心普万物而无心；圣人之常，以其情顺万物而无情。故君子之学，莫若廓然而大公，物来而顺应。"（二程全书）《定性书》明道说性无内外，是能超越性的客观主观，而为绝对的。无能廓然大公，物来顺应，定性主静，止于至善。明道能发明此语，其度量亦可见一斑了。

明道说仁，亦善于形容，以为仁就是元气，就是性，是绝对的。不过性是从元气静的方面看，仁是从元气动的方面看，他的《识仁篇》，就拿这个观念为基础，说道："仁者浑然与物同体，义、礼、智、信，皆仁也。"（二程全书二五）又以医为比方，说道："医书以手足痿痹为不仁，此言最善名状；仁者以天地万物为一体，莫非己也。手足不仁时，身体之气不贯，不属于己。故博施济众，为圣人之功用。"（同上三）仁与宇宙一贯，有绝对的意，说道："若夫至仁，则天地为一身，而天地之间，品物万形，为四肢百体，夫人岂有视四肢百体而不爱者哉？圣人仁之至也，独能体斯心而已，曷尝支离多端而求之自外乎？故能近取譬者，仲尼所以示子贡求仁之方也。医书以手足风顽，谓之四体不仁，为其疾痛不以累心故也。夫手足在我，而疾痛不与知焉，非不仁而何？世之忍心无恩者，其自弃亦若是而已。（同上七）这话最为适切。

附《识仁篇》

明道说道："学者须先识仁，仁者浑然与物同体，义、礼、智、信，皆仁也。识得此理，以诚敬存之而已。不须防检，不须穷索，惹懈，则有防心，苟不懈，何防之有？理有未得，故须穷索，存久自明，安待穷索？此道与物无对，大不足以明之，天地之用皆我之用。孟子言：'万物皆备于我。'须反身而诚，乃为大乐；若反身未诚，则犹是二物有对，以己合彼，终未有之，又安得乐。《订顽》意思，乃备言此体，以此意存之，更有何事？必有事焉而勿正，心勿忘，勿助长。未尝致纤毫之力，此其存之之道，若存得便合有得。盖良知良能，元不丧失，以昔日习心未除，却须在习此心，久则可夺旧习，此理至约，惟患不能守，既能体之而乐，亦不患不能守也。"

　　明道关于心的见解，有人心道心的分别，道心就是元气，为人身主宰。"故道心言其本性，则为天理。"（二程全书十二十一）天理就是道，道就是性，故说道："道即性也，若道外寻性，性外寻道，便不是圣贤论天德。"（二程全书十二十一）又说道："人心莫不有知，惟人欲蔽时，至忘天德。"（二程全书十八）可知人欲去时，心就是天理，他说道："曾子易箦之意，心是理，理是心，声为律，身为度也。"（二程全书十四二）明道所说的天理，就是性，就是元气，所以心亦是元气。

　　（三）修为说
　　各人的性，本是圆满具足的，孟子说"万物皆备于我"这话实在是的，不过为人欲所蔽，他的本来的善性，不能发挥光明，所以修为的第一要件，在去人欲而存公共的道心。惟用怎样的方法去人欲？明道说道："只闻人说善言者，为敬其心也。故视而不见，听而不闻，主于一也。主于内则外不失敬，便心虚故也。必有事焉不忘不要，施之重便不好，敬其心，乃至不接视听，此学者之事也，始学岂可不自此去，至圣人则自从心所欲，不逾矩。"（二程全书十六十五）这就是初学者执心的要道。明道以尚敬为唯一的修为法，故说道："敬即便是礼，无己可克。"（二程全书十六一）惟敬的时候，天然的妙质可发现，故又说道："主一无适，敬以直内，便有浩然之气，浩然须要实识，得他刚大直，不习无不利。"（同上）

世间很少生知的人，大概他的性为人欲所蔽的缘故，因此而欲防人欲的害，则为学其必要。为学就是下学人事以上达天理，决非玩弄浮文，空言就了，故明道

说道："学者须学文，知道者进德而已，有德则不习无
不利，未有学养子而后嫁，盖先得是道矣。学文之功，
学得一事是一事，二事是二事，触类至于百千，至穷
尽，亦只是不是德，有德者不如是。故此言可为知道者
言，不可为学者言。如心得之，则施于四体，四体不言
而喻。譬如学书，若未得者，须心手相须而学苟得矣，
下笔便能书，不必积学。"（程子全书二十）

性绝内外，故吾人的心不动而静，就能洞察是非，
不以我为喜怒，从于物而喜怒，欲明此意，试看《定性
书》的后半，"夫天地之常，以其心普万物而无心，
圣人之常，以其情顺万事而无情。故君子之学，莫若廓
然而大公，物来而顺应，《易》曰：'贞吉悔亡，憧憧
往来，朋从尔思。'苟规规于外诱之除，将见灭于东而
生于西也。非惟日之不足，顾其端无穷，不可得而除
也。人之情各有所蔽，故不能适道，大率患在于自私而
用智，自私则不能以有为为应迹，用智则不能以明觉为

自然。今以恶外物之心，而永照无物之地，是反鉴而索照也。《易》曰：'艮其背，不获其身，行其庭，不见其人。'孟子亦曰：'所恶于智者，为其凿也。'与其非外而是内，不若内外之两忘也，两忘则澄然无事矣。无事则定，定则明，明则尚，何应物之为累哉？圣人之喜，以物之当喜，圣人之怒，以物之当怒，是圣人之喜怒，不系于心而系于物也。是则圣人岂不应于物哉？乌得以从外者为非，而更求在内者为是也。今以自私用智之喜怒，而视圣人喜怒之正，为如何哉？"明道论怒尤为切实，说道："夫人之情易发而难制者，惟怒为甚，第能于怒时遽忘其怒，而观理之是非，亦可见外诱之不足恶，而于道亦思过半矣。"这就是不暴怒的方法，于修为方面尤切，以客观的理，制主观的情，亦可说是明道的修为法。

明道的《识仁篇》，亦是他的一种修为的方法，不过前面已说过，不再多谈。

总而言之，明道的性说，就是随万物固有的性，各得其所。天下之物，各自完备，如鸟的营巢，蜘蛛的结网，皆自己能得生存之道。今人所以能生成于社会，因彝伦完备的缘故，彝伦就是性，是应知道的。

小程子

宋仁宗明道二年生，徽宗大观元年卒，年七十五。

程颐，字正叔，居河南伊水上，故人称他为伊川先生。为明道弟，少兄一岁，幼有高识，非礼不动。十八岁上仁宗书，劝他"以王道为心，黜世俗之论，以期非常之功"。游太学时，胡安定以"颜子所好何学"试诸生，见伊川论大惊，延见而授以学职。治平熙宁间，近臣屡荐不起，元祐元年至京师，为崇政殿说书，以师道自居，君前传讲，色庄寓讽。伊川与苏东坡同在经筵时，东坡喜谐谑，伊川则以礼法自守，东坡常嘲笑他，司马温公死，上命伊川主丧事，是日适祀明堂，有庆事，事毕，往哭温公，伊川不可，说道："子于是日哭，则不歌。"有人说道："不曾说歌则不哭。"东坡嘲道："此尘糟陂里之叔孙通也。"因此而时时与伊川相谑，二人遂不合，两家门下，互相诽谤，遂分洛蜀两党。不多时伊川即罢官，渡汉口，船几覆，同舟父老问伊川怎么不恐怖，伊川道："我存心诚敬。"父老说道："你存心固好，然而你不存心更好。"伊川再欲与谈，父老已去。回家后，病就重，门人问道："先生平日所学，今日正要用。"伊川道："道着用便不是。"说毕，即死。伊川接学者极严毅，尝闭目静坐，游酢杨时侍立不去，良九，伊川张目说道："日暮矣，姑就舍。"游杨二子退，不料门外已雪深三尺，时人称为"程门立雪"。明道曾说道："异日能使师道尊严者吾弟也，若夫汲引后进，至成就人才，则予不得让焉。"宁宗嘉定十三年，赐谥正公，所著有《易传》四卷，

《宋志》九卷，诗文数十篇，欲研究他哲学思想则有《语录》一书，明道伊川同学同游，学问亦相同，但明道为人温润如玉，伊川则圭角毕露，因此而二人学说稍有不同。

（一）宇宙观

伊川曾对张绎说道："我昔为明道先生行状，我道与明道同，异时欲知我道者，求之此文可也。"原来伊川学说，大半与明道相同，多说恐犯重复，现在专说伊川独得的见解，明道的学说，为综合的；伊川的学说，为分析的。二程大同小异，就在此点。后来继承明道综合派的，为陆王二子；继承伊川分析派的，为朱晦庵。明道的宇宙观，为气一元论；伊川的宇宙观，为理气二元论。晦庵尤为显著。伊川说道："离了阴阳便无道，所以阴阳者是道也，阴阳气也，气是形而下者，道是形而上者，形而上者，则是理也。"（二程全书十六）这就是说道即理。又说道：
"天地之道，至顺而已矣。大人先天不违，亦顺理而
已矣。"理与气虽有形上形下的分别，然亦并不分
离，故伊川又就天地造化而说道："有理则有气，有
气则有理。鬼神者，数也。数者，气之用也。"（同
上）这种话显然以理气二元，说宇宙造化，并且先理
后气，开晦庵二元论的先声。又就物名以说理气道：
"物之名义，与气理贯通，夫天之所以为天，本何为
哉？苍苍焉耳矣，其所以名之曰天，盖自然之理也，
名出于理，音出于气，宇宙由是不可胜穷矣。"（同
上）这就是说理为万物所同，不过气有清、浊、厚、
薄的分别，以名喻理的一致，以音喻气的分殊。又说
道："天、地、日、月，其理一致。月受日光而不为
亏，月之光乃日之光也。地气不上腾，天气不下降，
天气下降，至于地中，生育万物者，乃天之气也。"
（同上）这是借日月二物，以譬喻理能通于万物。惟

伊川的二元论，尚属开始，自晦庵出而后完全发达。

伊川论天地化育，说明道生万物，实本于自然，他说道："一阴一阳之谓道，道非阴阳也，所以一阳一阳道也。"（全书四）道虽出于自然，惟仍日新又新，生生不已，并非旧事重提，故又说道："道则自然生万物，今夫春生夏长了一番，皆是道之生，后来之生成，不可道，却将既生之气，后来却要生长，道则自然不息。"（全书十六）又申说道："真元之气，气之所由生，不与外气相杂，但以外气涵养而已。若鱼之在水，鱼之性命，非是水为之，但必以水涵养，鱼乃得生耳。人居天地气中，与鱼在水无异，至于饮食之费，皆是外气涵养之道。出入之息者，阖辟之机而已，所出之息，非所入之气，但真元自能生气。所人之气，正当辟时随之而入，非假此气以助真元也。若谓既反之气，复将为方伸之气，必资于此，则殊与天地之化不相似。天地之化，自然生生不穷，更复何资于既毙之形，既返之气，以为造化。近取诸身，其开辟往来，见之鼻息，然不必须假吸复入以为呼气，则自然生。入气之生，生于贞元。天地之气，亦自然生生不穷。至如海水阳盛而涸，及阴盛而生，亦不是将已涸之气却生水，自然能生。往来屈伸，只是理也。盛则便有衰，昼则便有夜，往则便有来。天地中如洪炉，何物不销铸。"伊川所说真元，就是理气为理所生，理生生不已，故气自然不穷，并非前气复为后气。又说阴阳变化无穷的妙用道："天行健，不留一息，令人疑其速，然密察寒暑之变，却觉其迟。"又说道："阴阳二气，变化而生万物，则虽一物不能相同。一叶犹有左右表里，各不相同。万变不齐之状，虽巧于数者，不能穷计。"（全书二）又说道："天地之化，既是二物，必动已不齐。譬之两扇磨行，便其齿其不得，齿齐既动，则物之出者何可得齐，转则齿更不复得齐，从此参差万变，巧历不能穷也。"（同上）伊川说万物发生及人为万物之灵，与明道同，说道："天地储精，得五行之秀者为人。"又说："天地交而万物生，于中纯气为人，繁气为物。"伊川的宇宙观，大概如是。

（二）伦理说

明道不能说明性恶的由来，然曾讲过，"人生气禀，理有善恶"。伊川复明说为人性皆善，不过气有清浊，禀清气生的为善人，禀浊气生的为恶人。而性就是理，有善恶的为才，说道："性出于天，才出于气；气清则才清，气浊则才浊；才则有不善，性则无不善。"更说明理的普遍善，其言道："性无不善，而有不善者才也，性即是理，理则自尧舜至于途人一也。才禀于气，气有清浊，禀其清者为贤，禀其浊者为愚。"（二程全书十九）理与气分得清楚，性善论可算成立，这就是宋儒理气说的渊源。

性就是理，不过决非抽象的，形式的，全然为力学的。故性能发动，发动的时候，就叫作情。性是善的，惟情能不能不得其宜。不过不能说情是不善的，有人以性善情不善问伊川，说道："情者，性动也，要归之正而已，亦何得以不善名之。"（二程全书四十一四十六）可知情为性的发动，并没有甚么不善，亦决非先天的根本的不善，又说道："性即理也，天下之理，原其所自，未有不善。喜怒哀乐未发，何尝有不善。发而中节，则无往而不善。"（近思录道体类）喜怒哀乐？有未发与既发，未发就是性动尚未见于外，既发就是已见于外，见于外，就有善不善的分别。

伊川并说破性就是心，其言道："孟子曰：'尽其心者，知其性也。'心，即性也。"（二程全书十九）惟性与心究竟怎样不同。说道："在天为命，在义为理，在人为性，主于身为心，一也。"惟命与性与理与心，皆不能离乎道。道为活动的，为万物生成之本体，故心为人的生道，说道："心生道也，有是形心即具是

形以生，恻隐之心，人之生道也。"（近思录道体类）
心为绝对的，故又说道："一人之心，即天地之心。"
心通共通的基础，以说明万物感通的理，其言道："在
此而梦彼，心感通也。已死而梦见，理感通也。感通明
时，焉知远近生死今古之别哉？杨定鬼神之说，其能外
于是哉？"（二程全书二四十六）心为本体，具备万
理，说道："冲漠无朕，万象森然已具，未应不是先，
已应不是后。如百尺之木，自根本至枝叶，皆是一贯。
不合道上面一段事，无形无兆，却待人施安排，引入来
教入涂辙。"他就是说理备于心，然而并不在内，可蹈
而行，然而并不在外，因为冲漠而毫无痕迹可见。总而
言之，理就是日常彝伦之道，从洒扫应对以至忠孝一切
皆是。伦理之法则，无有内外，其自身冲漠无朕，学者
不可不知。

附伊川其他性说：

天地储精，得五行之秀者为人，其本也真而静。其未发也，五性具焉，形既生矣。外物触其形而动于中矣，其中动而七情出焉，曰：喜、怒、哀、惧、爱、恶、欲、情既炽而益荡，其性凿矣。（伊川颜子所好何学论）

性字不可一概论，"生之谓性"，止训所禀受也；"天命之谓性"，此言性之理也。今人言天性柔缓，天性刚急，言天成皆生来如此，此训所禀受也。（二程全书二十七）

"性相近也，习相远也。"性，一也，何以言相近？曰：此只言气质之性也，如俗言性急性缓之类。性安有缓急，此言性者，生之谓性也。（全书十九）

论性不论气不备，论气不论性不明。（全书卷七）

孟子言性之善，是性之本；孔子言性相近，谓其禀受处不相远也。

伊川断言性就是理，定气有清浊，性与气分别清楚，以气为形而下的，以性为形而上的，实在又为力学的。性与心同一，以成冲漠无朕说，而其哲学的立脚点为二元论，决非发现唯一的心，可以生成宇宙之万物，这就是和明道不同处。明道的哲学为一元论，性就是元气。

（三）修为说

伊川因气有清浊，故修为的目的，就是修治浊处，他说道："气有清浊，性则无不善。养孟子所养之气，达于至极之点，则清明纯全，而去所昏塞之恶。"惟养的方法是怎样？说在寡欲。"致知在所养，养知莫过于寡欲二字。"（近思录道体类）寡欲则本体的智，自然而明，就是性能灵明。

伊川说道："积个个之穷理，然后脱然而有所了，仅着目一个事，不可以终穷理之效。"（二程全书十八）伊川说这意思，有好几次，当然是他的根本思想。穷理的方法，可分为三："一曰：读书讲明文理。二曰：论古今人物而别其是非。三曰：应接事物而处其当。"（近思录致知类）其说穷理工夫："须是识在所行之先，譬如行路，须得光照。"（全书四十）伊川这话，就是与明道不同处，不过所说穷理，属于见闻之智呢？属于德性之智呢？这是不可不研究的。

附伊川致知格物说：

进学则在致知。

学莫大于致知。（全书十八）

　　"致知在格物。"格，至也，如祖考来格之格。凡一物有一理，须是穷致其理。（全书十九）

　　穷理即是格物，格物即是致知，或问："格物须物物而格，抑格一物可通众理？"答曰："怎生便会赅通！若只格一物便通众理，虽颜子亦不敢如此道！须是今日格一件，明日又格一件，积习既多，然后脱然自有贯通处。"（同上）

　　见闻之知，非德性之知，物交物则知之非内也，今之所谓博物多能者是也。德性之知，不假见闻。（宋元学案十五）

　　知者吾之所固有，然不致则不能得之，而致知必有道，故曰："致知在格物。"（全书二十八）

　　"致知在格物"，非由外铄我也，我固有之也，因物有变迁而不知，则天理灭矣，故圣人欲格之。（同上）

　　万物皆有良能，常见禽鸟中做得窠子，极有巧

妙处，是他良能，不待学也。人初生，只有吃乳一事不是学，其他皆是学，人只为知多害之也。（全书二十三）

知出于人之性，人之为知，或入还巧伪，而老庄之徒，遂欲弃知，是岂性之罪也哉！孟子言"所恶于知者，为其凿也"。（同上）

见闻之知，就是普通智识；德性之知，就是天赋良知。扩充良知，就是致良知。伊川为王阳明的先驱，诚不可及。

伊川又说道："耳目之识，不足以发于行，真心知了后，始得发于行，蒙一度虎啮牙之害者，闻虎名则神色忽变。然未感啮牙之痛伤者，虽未尝不知虎之恐，但不如彼之神色忽变。又如脍炙，贵公子野人均知其美味，然贵人闻其名，则生好之之色，野人则不然，学者之真知亦如此。夫勉强合于道而行动者，决不能永续。

人之性本善，循理而行顺。是故烛理明者，则自然循理而行动为至乐。"（二程全书十九）

这就是伊川的知行合一说。

附伊川知行合一说：

知至则当至之，知终则当遂终之，须以知为本。知之深则行之必至，无有知之而不能行者。知而不能行，只是知得浅。虽饥不食乌喙。人不蹈水火，只是知也。人为不善，只是不知。（二程全书卷十六）

君子以识为本，行次之。今有人焉，力能行之，而识不足以知之，则有异端者出，彼将流宕而不知反，内不知好恶，外不知是非。虽有尾生之信，曾参之孝，吾弗贵矣。（二程全书二）

伊川的知行合一说，亦为王阳明的先驱，不过阳明注重行，伊川则注重知，与西哲苏格拉底相同，这是很该研究的。

伊川又谓："欲屏去闻见知思，固为不可，惟忧思虑纷纠时，须坐禅入定。我心明如鉴，不得不交感于万物，即不能无思虑。若欲免之，惟此心要有主。所谓主者，敬也，敬者，主一无适之谓也。人心不可二用，用于一事，则不能入他事，今习练主一无适，则思虑纷纠之患，自然消减。易所谓'敬以直内，义以方外'云者，直内者，主一之义，不欺不慢，不愧屋漏，皆敬之事也，但存此敬而涵养时，自然天理明也。"（二程全书十六）这话与明道很相同。

附伊川居敬说：

涵养须用敬，进学则在致知。

切要之道，无如"敬以直内"。（二程全书十九）

敬则无己可克，学者始则须绝四。（二程全书十六）

闲邪即诚自存，不是外面提一个诚将来存着，今人外面役役于不善，于不善中寻个善来存着，如此则岂有入善之理。

但惟是动容貌，整思虑，则自然生敬。敬，只是主一也：主一则既不之东，又不之西，如是则只是中。（二程全书十六）

威仪严肃，非敬之道，但致敬须从此入。（二程全书十六）

敬是闲邪之道，"闲邪存其诚"，然亦只是一事，闲邪则诚自存矣。天下有一个善，一个恶，去善即是恶，去恶即是善。（二程全书十九）

明道和伊川，其理论不同，故修为亦不同。明道为一元论，一元就是道心。修为的目的，就是排除道心的邪恶。伊川为二元论，二元就是性和气。气有浊有清，故穷理工夫不可少。所以明道为悟脱的，伊川为穷理的。

伊川绍述明道的哲学，建设性气的二元，后来朱晦庵复绍述伊川，并能尽量发展伊川的修为工夫。一方主张穷理，为象山哲学勃起的一原因；一方唱知行合一论，为王阳明哲学诱起的一原因。

二程同时的性说

司马光

宋真宗天禧三年己未生，哲宗元祐元年丙寅卒，年六十八。

光字君实，陕州夏县人，后封温国公，故又称司马温公。仕仁宗、英宗、神宗、哲宗四朝，极力排斥王安石的新法。自言平生做事，无不可对人言的，著作甚多。他的学问很博大，常和邵张二程诸子往还讲论，惟不喜孟子，作《疑孟》，拟扬雄太玄，作《潜虚》，说道："万物皆祖虚，生于气，气以成体，体以受性，性以辨名，名以立行，行以俟命。故虚者质之具，性者神之赋，名者事之分，行者人之务，命者时之遇。"温公所说的虚，就是扬雄所说的玄，故说道："玄以准《易》，虚以拟玄。"温公的性说，亦与扬雄同，说道："孟子以为人性善，其不善者，外物诱之也。荀子以为人性恶，其善者，圣人教之也，是皆得其一偏而遗其本实。夫性者，人受之于天以生者也，善与恶必兼有之，犹阴与阳也。虽圣人不能无恶，虽愚人不能无善，其所受有多少之殊耳，善至多而恶至少者为圣人，恶至多而善至少者为愚人，善恶相半者则为中人。"又《疑孟篇》说道："告子云：'性之无分于善不善，犹水之无分于东西。'此告子之言失也，水之无分于东西，谓平地也。使其地东高而西下，西高而东下，岂决导所能致乎？性之无分于善不善，谓中人也。瞽瞍生舜，舜生商均，岂陶染所能变乎？孟子曰：'人无有不善。'此孟子之言失也，丹朱商均自幼及长，所日见者尧舜也，不能移其恶，岂人之性无不善乎？"

欧阳修

宋真宗景德四年丁未生，神宗熙宁五年壬子卒，年六十六。

修字永叔，永丰人。仕仁宗英宗，为名相，晚号六一居士。永叔见当时说性的纷纷而起，作《性辩》，说道："夫性非学者之所急，而圣人之所罕言也。六经之所载，皆人事之切于世者，是以言之甚详。至于性也，百不一二言之。或因言而及焉，非为性而言也，故虽言而不究。予之所谓不言者，非谓绝而无言，盖其言者鲜，而又不主于性而言也。""性者与身俱生，而人之所皆有也。为君子者修身治人而已，性之善恶不必究也，使性果善耶？身不可以不修，人不可以不治，使性果恶耶？身更不可以不修，人更不可以不治。"又修为纯儒的政治家，不喜释老，试读他所作的《本论》，确可与韩昌黎的《原道》并驾齐驱。

王安石

宋真宗天禧五年辛酉生，哲宗元祐元年丙寅卒，年六十六。

安石，字介甫，临安人。神宗朝拜相，励行新法，为世诟病。惟学术文章，有名一时，尝作《原性篇》非孟荀扬韩四家，说道：

夫太极者，五行之所由生，而五行非太极也。性者，五常之太极也，而五常不可谓之性，此吾所以异乎韩子。且韩子以仁、义、礼、智、信五者谓之性，而曰"天下之性恶焉而已矣"。五者之性谓恶焉者，岂五者之谓哉？孟子言人之性善，荀子言人之性恶，夫太极生五行而后利。害生焉，而太极不可以利害言也。性生乎情，有情然后善恶形焉，而性不可以善恶言也。此吾所以异于二子。孟子以"恻隐之心，人皆有之"，因以谓人之性无不仁。就所谓性者，如其说，必也怨毒忿戾之心，人皆无之，然后可以言人之性无不善。而人果皆无之乎？孟子以恻隐之心为性者，以其在内也。夫恻隐之心，与怨毒忿戾之心，其有感于外而后出于中者，有不同乎？荀子曰："其为善者伪也。"就所谓性者如其说，必也恻隐之心，人皆无之，然后可以言善者伪也。而人果皆无之乎？荀子曰："陶人化土而为埴，埴岂土之性也哉？"夫陶人不似木为埴者，惟土有埴之性焉，乌在其为伪也？且诸子之所言，皆吾所谓情也，习也，非性也。扬子之言为似矣，犹未出乎以习而言性也。古者有不谓喜、怒、爱、恶、欲、情者乎？喜、怒、爱、恶、欲而善，然后从而名之曰，仁也，义也。喜、怒、爱、恶、欲而不善，然后从而命之曰，不仁也，不义也，故曰："有情然后善恶形焉，然则善恶者，情之成名而已矣。"

又作《性情辨》，说道：

"性情一也。"世有论者，曰："性善情恶。"是徒识性情之名，不知性情之实也。喜、怒、哀、乐、好、恶、欲，未发于外而生于心，性也。喜、怒、哀、乐、好、恶、欲，发于外而见于行，情也。性者情之本，情者性之用，故吾曰性情一也。彼曰"情恶"无他，是有见于天下之七者以此而入于恶，而不知七者之出于性耳。故此七者人生而有之，接于物而后动焉。动而当于理，则圣也贤也。不当于理，则小人也。彼徒有见于情之发于外者，为外物之所累，而遂入于恶也，因曰情恶也。害性者情也是曾不察于情之发于外，而为外物之所感，而遂入于善者乎？盖君子养性之善，故情亦善。小人养性之恶，故情亦恶。故君子之所以为君子，莫非情也。小人之所以为小人，莫非情也。彼论之失者，以其求性于君子，求情于小人耳。自其所谓情者，莫非喜、怒、哀、乐、好、恶、欲也。舜之圣也，象喜亦喜，使舜当喜而不喜，则岂足以为舜乎？文王之圣也，王赫斯怒，使文王当怒而不怒，则岂足以为文王乎？举此二者而明之，则其余可知矣。如其发情，则性虽善，何以自明哉？诚如今论者之说，无情者善，则是若木石者尚矣。是以知性情之相须，犹弓矢之相待而用。若夫善恶，则犹中与不中也。曰："然则性有恶乎？"曰："孟子曰：'养其大体为大人，养其小体为小人。'扬子曰：'人之性善恶混。'是知性可以为恶也。"

安石这种论调，是驳斥唐李翱的性善情恶说，与近今欧美心理学家解说性情颇相同。

苏轼

宋仁宗景祐三年丙子生，徽宗靖国元年辛巳卒，年六十六。

轼字子瞻，自号东坡居士。为一代文豪，忠直令人钦佩。喜禅学。东坡言性，与告子性无善无不善说颇相同，其所作《易传》，曾说道："古之君子，患性之难见也，故以可见者言性，以可见者言性，皆性之似也。君子日修其善，以消其不善，不善者日消，有不可得而消者焉。小人日修其不善，以消其善，善者日消，有不可得而消者焉。夫不可得而消者，尧舜不能加焉。桀纣不能逃焉，是则性之所在也。"又说道"性之所在，庶几知之，而性卒不可得而言也。"又说道："阴阳交而生物，道与物接而生善，物生而阴阳隐，善立而道不见矣，故曰：'继之者善也，成之者性也。'"又说道："昔于孟子以为性善，以为至矣，读《易》而后知其未至也，孟子之于性。盖见其继者而已矣，夫善性之效也，孟子未及见性，而见其性之效，因以所见者为性，犹火之能熟物也，吾未见火而指天下之熟物以为火，夫熟物则火之效也。"东坡的话甚辩，对于扬雄言性善恶混，说道："夫善恶者，性之所能之，而非性之所能有也，且夫言性恶者，安以其善恶哉？虽然扬雄之论，则固已近之，曰：'人之性善恶混，修其善则为善人，修非恶则为恶人。'此其所以异者，唯其不知性之不能以有夫善恶，而以为善恶皆出乎性也而已。"又说道："夫太古之初，本非有善恶之论，唯天下之所同安者，圣人指以为善，而一人之所独乐者，则名以为恶。天下之人，固将即其所乐而行之，熟知圣人唯其一人之独乐不能胜天下之所同安，是以有善恶之辨，而诸事之意，将以善恶为圣人之私说，不已疏哉！"东坡性说，完全是告子性说的进化物，当然不能与张程诸子比，不过他的诗文中，常可见其宇宙观和人生观，如前后《赤壁赋》《超然台记》《上梅圣俞书》等，触目皆是，真是不可多得的。

以上四家，除欧阳修并未发表见解外，其他三人，大抵近于告子扬雄，或言性而混入情，或偏情而杂及才，至性的根本问题，仍未解决。东坡立说，尤为惝恍迷离，能更牵入禅学风味，未足以见哲学上的光彩。

程学后继

前已说过，明道和伊川理论不同，修为亦不同，不过他二人并未别立门户。在同一家门内，教授其门人，非明道的门人，亦非伊川的门人，都是程学的门人。明道伊川之门，所主在修养，因他二人稍稍不同，学风即因而不同。明道说道心就是性，就是元气，有简易笃实之风；伊川分性和气，其弊稍觉流于烦琐。因此而后继的门人，各就本人性质所近，受而守之。中间著名的，为游酢、尹和靖、李端伯、范淳夫、杨应之、吕与叔、吕和叔、刘安节、鲍若雨、王信伯等。然而他们但知墨守师说，毫无一点发明，仅谢上蔡杨龟山二人，能开发二程思想的所在，深得以心传心的妙处。伊川从涪州谪居归，门人寥落，大都从事佛学，惟上蔡龟山不变节，足见当时佛教的盛况，和人情的变化。

谢上蔡

谢良佐字显道寿春上蔡人，因号上蔡，从明道学，明道对人道："此秀才展拓得开，将来可望。"一说上蔡初见明道，自称博学，所举书史，不遗一字，明道说道："记忆许多，可谓玩物丧志。"上蔡异常惭愧，因停止记诵而从事涵养，其后复从伊川学，别一年复见，伊川问他所进，上蔡道：'但去得一矜字耳。"伊川道："何故？"上蔡道："检点病痛，尽在此处。"伊川叹道："此所谓切问而近思者也。"元丰八年登进士，徽宗时曾召对，朱晦庵说："上蔡说仁是觉，分明是禅，伊川之门，上蔡自禅学来，其说亦有差。"上蔡与胡文定公书，说道："儒之异于禅者，正在下学之处，颜子之工夫，真百世之轨范也。舍此应无入路，无住宅，二三十年不觉虚过矣。"所著有《论语说》，可见到他思想的，有《上蔡语录》，为后陆象山的先驱。

上蔡的根本思想，从明道的简易学风而得，以心为中心，从穷理而开发此中心。其论心，说道："心者，何也，仁是已。仁者，何也？活者为仁，死者为不仁。"（上蔡语录）这与明道所说仁为元气，为性，为道心不同。又说道："今人身体麻痹，不知痛痒，谓之不仁。桃杏之核可种而生者，谓之桃仁杏仁，有生之意，推之而仁可见矣。"与伊川分析心与仁大不相同，伊川说道："心譬如谷种，生之意便是仁，阳气发处乃为情。"（近思录道体类）可见到上蔡远于伊川而近于明道。心就是仁，具体的说仁，其结果必觉得自己的尊大，然而遮蔽自己尊大的，就是人欲，去这个人欲应否下工夫？这就是儒与佛的分别，佛说见性，性怎样的能见？儒说去人欲，人欲怎样的能去？说道在穷理。

附上蔡语：

　　学佛者知此谓之见性，遂以为了，故终归妄诞，圣门学者见此消息，必加功焉，故曰："回虽不敏，请事斯语矣。""雍虽不敏，请事斯语矣。""仁操则存，舍则亡。"（语录上）

　　理虽万殊，毕竟有统一的地方，故从大处研究，就能自然贯通，岂可以一一研究么？这就是上蔡思想，远于伊川而近于佛门悟入的地方，上蔡的穷理，是要真知的，惟非闻见之知，见小儿入井，不用思想，即发恻隐之心，这就是穷理时到了知人知天的地位，到了天人合一的地位。我非我，就是理，理非理，就是天。

附上蔡语：

仁者天之理，非杜撰也，故"哭死而哀，非为生也。经德不回，非干禄也。言语必信，非正行也"。天理当然而已矣，当然而为之，是为天之所为也。圣门学者大要，以克己为本。克己复礼无私心焉，则天矣。（语录上）

所谓天理者，自然底道理，而毫发杜撰。"今人乍见孺子，将入于井，皆有怵惕恻隐之心。"方乍见时，其心怵惕，即所谓天理也。"要誉于乡党朋友，内交于孺子父母兄弟，恶其声而然。"即人欲耳。天理与人欲相对，有一分人欲，即灭却一分天理，有一分天理，即胜得一分人欲。人欲挽肆，天理灭矣，任私用意，杜撰做事，所谓人欲肆矣。（同上）

上蔡以心以天，俱体的解释仁，而其学问又以心为中心，说佛家的论性，犹之儒家的论心，上蔡重心的结果，已到达于知行合一说，他说道："真知自然行之不难，真知而行，未免有意，意有尽时。"这种学问思潮，的确是陆王的先导。

杨龟山

宋仁宗皇祐五年生，高宗绍兴五年卒，年八十三。

龟山名时，字中立，南剑将乐人。与谢上蔡并称程门二杰，性极聪悟温柔，神宗朝举进士，不出仕而往颖昌，从学于明道，明道很爱他，称道："杨君会得最容易。"及归，明道送出门，说道："吾道南矣！"明道死后，又见伊川于洛，年已四十，事伊川愈恭敬，程门立雪故事，龟山亦在内，张横渠著《西铭》，龟山以为近于兼爱，与伊川往复辩论。伊川告以理一分殊，方信而不疑。因此精研经书，推广师说，卒谥文靖，学者称龟山先生，所著有《龟山集》三十五卷，《三经义辨语录》等。后人称龟山为洛学的始祖，这因为历史的关系，由龟山经罗豫章、李延平，以至朱晦庵，数典不忘的缘故。

龟山的哲学，与明道同为气一元论，说通天地只是一气，宇宙间千态万状，不外一气的离合聚散罢了，张横渠的宇宙论亦与此相同。气为宇宙的实体，生灭变化，就是实体的现象。故论死生如冰释冻为水。又以儒教性说与佛说相比较，说道："经中说十识，第八庵摩罗识，唐言白净无垢。第九阿赖耶识，唐言善恶种子。白净无垢，即孟子之言性善是也，言性善可谓探其本，言善恶混乃是于善恶已萌处看，荆公盖不知。"（语录）据龟山所说，孟子是就本说，扬雄是就末说，并无矛盾处。惟龟山主张孟子的性善说，亦于此可见。又说道："致知必先于格物，物格而后知至，知至斯知止矣，此序也。盖格物所以致知，格物而至于物格，则知之者至矣。所谓止的，乃其至处也。自修身推而至于平天下，莫不有道焉，而皆以诚意为主。苟无诚意，虽有其道不能行。《中庸》论天下国家有九经，而卒曰所以行之者一，一者何？诚而已。盖天下国家之大，未有不诚而能动者也。然则非格物致知，乌足以知其道哉？《大学》所论诚意、正心、修身、治天下国家之道，其原乃在乎物格推之而已。若谓意诚便足以平天下，则先王之典章法物，皆虚器也。故明道先生尝谓有《关雎》《麟趾》之意，然后可以行周官之法度，正谓此尔。"（文集）龟山从格物，致知，以至修、齐、治、平，皆本乎诚。是以《大学》《中庸》的精意，合而为一。此外则除继承二程余绪外，别无创见。

王震泽

王苹，字信伯，福清人。师事伊川，于同门杨龟山等，均为后进，惟龟山很看重他，曾说："后来成就的，惟信伯一人。"宋高宗亲征时，曾蒙召见奏对，"人间各有至公之理，可推此心以用人。"又奏道："尧舜禹汤文武之道，相传若合符节。非传圣人之道也，传其心也，非传圣人之心也，传己之心也。己之心，无异圣人之心，万善皆备。故欲传尧舜以来之道，扩充是心焉耳。"信伯虽学于伊川，然其学风却近于明道上蔡。垂老作《论语集》，未成而卒。

由王信伯传至陆景端，由陆景端传至林艾轩，而陆象山就是他的讲友。上蔡的学问，亦有林竹轩、张无垢等互相讲唱，而陆象山兄弟就是他的讲友。

呂蓝田

呂蓝田

　　吕大临，字与叔，京兆蓝田人。与兄大忠字晋伯，大钧字和叔，并学于横渠，横渠死，并归二程子。蓝田和谢上蔡游定夫杨龟山，并称程门四先生。蓝田为学，本注重防检穷索，明道告以"无须如是，只要识仁就得了"。蓝田默识心通，曾作《克己铭》以见志。蓝田博学能文，后来加以涵养工夫，尤见醇粹，尝赋诗道："学如元凯方成癖。文到相如始类俳。独立孔门无一事，只须颜子得心齐。"伊川赞他道："古之学者，惟务养性情，其他则不学。今为文者，专务章句，悦人耳目，非俳优而何？此诗可谓得本矣。"元祐时为太学博士，卒年四十七，有《文集》《诗说》《大学说》《中庸说》等。《克己铭》与未发之中问答，虽已节易过，然亦可窥见一斑。

　　蓝田性说，和横渠伊川相同。立本然气质两性，气禀有强弱，蔽有浅深，故有贤愚的分别。

蓝田的修为工夫，在存未发之中的心状。蓝田释良心，和他人不同，尝说道："赤子之心，良心也。"天之所以降衷，人之所以受天地之中也，寂然不动，虚明纯一，与天地相似。神明为一。《传》曰："喜、怒、哀、乐，未发谓之中。"其谓此乎？此心自正，非待人而后正也。"盖言使良心作用清明，以接事物耳。故先立其大者，则小者不能夺。若令忿懥，好乐，忧患，一夺其良心，则视听食息，从之失守。"这就是后来罗豫章、李延平主静主中的学风开始，于宋学很有关系。

附蓝田未发之中问答：

与叔曰："中者道之所由出。"

程子曰："此语有病。"

与叔曰："论其所同，不容更有二名。别而言之，亦不可混为一事，如所谓：'天命之谓性，率性之谓道。'又曰：'中者天下之大本，和者天下之达道。'则性与道，大本与达道，岂有二乎？"

程子曰："中即道也，若谓道出于中，则道在中内，别为一物矣。所谓论其所同，不容更有二名。别而言之，亦不可混为一事。此语固无病。若谓性与道，大本与达道，可混而为一，即未安。在天曰命，在人曰性，循性曰道。性也，命也，道也，各有所当。大本言其体，达道言其用，体用自殊，安得不为二乎？"

与叔曰："既云率性之谓道，则循性而行莫非道，此非性中别有道也，中即性也。在天为命，在人为性，由中而出者莫非道，所以言道之所由出也。"

程子曰："中即性，此语极未安。中也者，所以状性之体段，如称天圆地方，遂谓方圆为天地可

116

乎？方圆既不可谓之天地，则万物决非方圆之所出，如中既不可谓之性，则道何从称出于中。盖中之为义，自过不及而立名。若只以中为性，则中与性不合。子居（和叔子）对以中者性之德，却为近之。"

与叔曰："不倚之谓中，不杂之谓和。"

程子曰："不倚之谓中，甚善，语犹未莹。不杂之谓和，未当。"

与叔曰："喜、怒、哀、乐之未发，则赤子之心，当其未发，无所偏倚，故谓之中。以此心应万物之变，无往而非中矣。孟子曰：'权然后知轻重，度然后知长短。物皆然，心为甚。'此心度物，所以甚于权度之审者，正以至虚无所偏倚故也。有一物存乎其间，则轻、重、长、短，皆失其中矣，又安得如权度乎？大人不失其赤子之心，乃所谓允执厥中也。大临始者有见于此，便指此心名为中，故前言中者道之所由出也。今细思之，乃命名未当耳。此心之状可以言中，未可便指此心名之曰中。"

程子曰："喜、怒、哀、乐之未发谓之中，赤子之心，发而未远于中。若便谓之中，是不识大本也。"

与叔曰："圣人智周万物，赤子全未有知，其心固有不同矣。然推孟子所云，岂非止取纯一无伪，可与圣人同乎？非谓无毫发之异也，大临前日所云，亦只取此而已。今承教乃云已失大本，茫然不知所向。圣人之学，以中为大本，虽尧舜相授以天下，亦云允执厥中。何所准则，而知过不及乎？求之此心而已。此心之动，出入无时，何从而守之乎？求之于喜怒哀乐未发之际而已。当是时也，此心即赤子之心。此心所发，纯是义理，安得不和？前日敢指赤子之心为中者，其说如此。来教云：

'赤子之心，可谓之和，不可谓之中。'大临思之，所谓和者，指已发而言之。今言赤子之心，乃论其未发之际，纯一无伪，无所偏倚，可以言中。若谓已发，恐不可言心。"

程子曰："所云非谓无毫发之异，是有异也，有异者得为大本乎？推此一言，余，皆可见。"

与叔曰："大临以赤子之心为未发，先生以赤子之心为已发。所谓大本之实，则先生与大临之言，未有异也，但解赤子之心一句不同耳。大临初谓赤子之心，止取纯一无伪，与圣人同。孟子之义亦然。更不曲折一一较其同异，故指以为言。未尝以已发不同处为大本也。先生谓凡言心者，皆指已发而言。然则未发之前，谓之无心可乎？窃谓未发之前，心体昭昭具在，已发乃心之用也，"程子曰："所论意虽以已发者为未发，及求诸言，却是认已发者为说。辞之未莹，乃是择之未精。凡言心者，指已发而言，此固未当。心一也，有指体而言者，寂然不动是也；有指用而言者，感而遂通天下之故是也。惟观其所见何如耳。大抵论愈精微，愈易差也。"

胡五峰

五峰名宏，字仁仲，崇安人，学者称五峰先生，胡文定安国的少子。胡文定为有名学者，又与上蔡龟山交好，是以受程学的影响不少。五峰幼有志道学，尝见龟山于京师，又从侯师圣（字仲良，明道门人）于荆门，优游衡山二十余年。既能传其家学，又能后继程学，张南轩曾以师礼事他。著作有《知言》《诗文集》《皇王大纪》《易外传》等，吕东莱以《知言》过于《正蒙》，实开当时湖湘的学统。

五峰曾说道："圣人指道之体曰性，指其用曰心，性不能不动，动则心也。"（知言）五峰以心为活动的，由性而分，而以性为静的。又说道："天命之谓性，性者大本也，尧舜禹汤文武仲尼六君子先后相诏，必曰心而不曰性，何也？曰：心也者，知天地，宰万物以成性者也。六君子尽心者也，故能立天下之大本，人至于今赖其利。"（知言）伊川以来，心的说明颇不详，五峰分析性与心颇明畅，而其以心为主，则可说从直袭上蔡的思潮而来。

明道说性就是元气，而龟山以庵摩罗识比性善，以阿赖耶识比善恶，这中间都包含性为绝对善的思想。龟山原由庐山总老得来，而五峰亦受其说，曾说道："或问性。"曰："性也者，天地之所以立也。"曰："然则孟轲氏荀卿氏扬雄氏以善恶言性也，非欤？"曰："性也者，天地鬼神之奥也，善不足以言之，况恶乎哉？"或又曰："何谓也？"曰："某闻之先君子（文定）曰：'孟子所以独出诸儒之表者，以其知性也。'某请曰：'何谓也？'先君子曰：'孟子之道性善云者，叹美之辞，不与恶对也。'"（知言）这就是五峰以性为绝对善的地方。又说道："至哉！吾观天地之神道，其时无忒，赋形万物，无大无细，各足其分，太和保合，变化无穷也。凡人之身，粹然天地之心，道义完具，无适无莫。不可以善恶辨，不可以是非分。无过也，无不及也，此中之所以名也。"五峰以性为人生生活所必然，情与欲亦皆为人性中所不可少的，可无须排斥，故又说道："凡天命所有，而众人有之者，圣人皆有之。人以情为累也，圣人不去情。人以才为有害也，圣人不病才。人以欲为不善也，圣人不绝欲。人以术为伤德也，圣人不弃术。人以忧为非发也，圣人不忘忧。人以怨为非宏也，圣人不释怨。然则何以别于众人乎？圣人发而中节，而众人不中节也，中节者为是，不中节为非。挟是而行则为正，挟非而行则为邪。正者为善，邪者为恶，而世儒乃以善恶言性，邈乎！辽哉！"（知言）这段是五峰的金玉文字，五峰以性为天命，天命中所有的。性中亦有，性的概念，到此地位为之一大变，不可仅以理说，亦不可仅以道心说，凡人的位置上一切情欲，及伦理的法则皆是。不过善恶的名称，由于性发动时中节与否而定。支配性的发动，就是心，故中节不中节在心，不过心的标准怎样可求？说道："本之良心。人类有至机敏之机关，能鉴别是非邪正者。"故曰："人皆有良心。故被之以桀纣之名，虽匹夫不受也。"（知言仲尼）"齐王见牛而不忍杀，良心之苗裔，见于利欲之间者也。一见，操而存之，存而养之，养而充之，以至于大，大而不已，则与天地同。"（疑义十）五峰论心性愿能自得，既说性无善恶，又说心无死生。《知言》载："或问心有死生乎？曰：'无生死。'曰：'然则人死其心安在？'曰：'子既知其死矣，而问安在耶？'或曰：'何谓也？'曰：'夫唯不死，是以知之，又何问焉？'或曰：'未达？'胡子笑曰：'甚哉！子之蔽也，子无以形观心，而以心观心，则其知之矣。'"又说道:"天下莫大于心,患在于不能推之尔。莫久于心,患在于不能顺之尔。"

附五峰论心性:

性譬诸水乎?则心犹水之下,情犹水之澜,欲犹水之波浪。（知言往来）

气之流行,性为之主。性之流行,心为之主。

有而不能无者,性之谓与?宰物不死者,心之谓与?感而无自者,诚之谓与?往而不穷者,鬼之谓与?来而不测者,神之谓与?

大哉性乎!万理具焉,天地由此而立矣。世儒之言性者,类指一理而言之尔,未有见天命之全体者也。（知言）

五峰哲学,稍嫌近于常识,不过分析很明白,能超脱程学的范围，所以后来朱晦庵、张南轩、吕东莱等，极口说《知言》疑义非程子学，亦无怪其然。

罗豫章

宋神宗熙宁五年生，高宗绍兴五年卒，年六十四。

豫章名从彦，字仲素，南剑人。先从延平吴仪，崇宁初见龟山于将乐，又惊又惭，说道："不至是，几枉过一身。"于是尽弃旧学，尝与龟山讲《易》，至《乾九四爻》。龟山道："伊川之言甚善。"豫章乃卖田裹粮，往洛见伊川，归，又从龟山。建炎四年，授博罗主簿，卸任后，入罗浮山静坐，学者称豫章先生。豫章严毅清苦，入杨门独得其传，世间嗜好，毫不沾染，与龟山、延平称南剑三先生。所著有《遵尧录》《议论要语》《台衡录》《春秋指归》《中庸说》等。

全祖望说道："豫章在杨龟山之门，所学虽醇，所得实浅，在善人与有恒者之间，一传而为延平则邃。"

李延平

宋哲宗元祐三年癸酉生，孝宗隆兴元年癸未卒，年
七十一。

延平名侗，字愿中，南剑人。年二十四，闻郡人罗
仲素传河洛之学，遂往学。仲素不求人知，延平独佩服
他，谢绝世故，独居一室。四十余年，安贫乐道，涵养
益熟，操存益固，发必当节，晦庵曾说道："李先生不
著书，不作文，颓然若一田夫野老。"又说道："李先
生终日危坐，而神彩精明，略无溃堕之气。"又说道：
"先生少年豪勇，夜醉驰马数里而归。后来养成徐缓，
虽行一二里路，常委蛇缓步，如从容行室中也。"又延
平叫唤人的时候，唤过好几声，人尚未到，但决不厉
声。又坐处壁间有书画时，寻常人往往翘首而观，延平

则坐时不观，观则必起立就壁下。延平事亲从兄，为人所难能，所著仅《延平问答》，《朱子（语类）大全》中语，略可窥见其思想。

延平学间的第一义，为瞑目静坐，体认天理。于喜怒哀乐未发的里边，在求其中，求得其中而后发，是为涵养法的第一，说道："学问之道，不在多言，但默坐澄心，体认天理。若是虽一毫私欲之发，亦退听矣，久用力于此，庶几渐明，讲学始有力耳。"（行状及与刘平甫书）晦庵亦说道："延平先生教人静坐。"可见他的学问方法，颇近于禅。独自静坐，体认天理，怎样能望其成功？照延平的意思，真理可由真觉而知，说道："大率吾辈立志已定，若看文字，心虑一澄然之时，略绰一见与心会处，便是正理，若生疑即恐凝滞。"（问答上十七）然而这种说话，并非高远，专于日用常行间，考察正道所在，故评谢上蔡道："语极好玩味，渠盖皆是于日用上下工夫。"（问答上三十四）为静坐，为直觉，为日用常行的道，这三件发表很简单，已见诸《与刘平甫书》，说道："大率有疑处，须静坐体究，人伦必明，天理必察，于日用处著力，可见端绪，在勉之尔。"（问答上四十二）

延平注重实践，注重力学的实在，故很主张心与气合致。（问答上三十七同二十二）惟延平所说的气，并非伊川所说的形而下气，就是说人类生理的条件中，所有一种盲目的动力。这种动力的障碍，就是关乎人类的无知妄作。所以这种动力与心一致，则人完全率理而行动。惟晦庵虽为延平的门人，但关于气的观念，并非受延平所主张的，而直受伊川所主张的。延平及于晦庵的影响，不在思想，而在实践涵养。

晦庵二十四岁时，初见延平，吐露自己学问，滔滔不绝，延平说道："子虽说许多之理，而面前之事却未解。"晦庵反省后，而知佛氏不足的地方，赵师言说道："有所依据，而笃守循序，而渐进，无凭虚蹈空之

失者，实延平先生一言之绪也。"（学蔀通辨卷上二）
这话甚是。晦庵解释仁字，为天理流行，不下千百言，
延平说仁，不能单以流行发生相形容，仁为受天地之中
而生，为人类所固有者。（答问上三十一）这思想较明
道尤为精确。

附延平杂话：

晦庵道：李先生教人，大抵令于静中体认大本
未发时，气象分明，即处事应物，自然中节，此乃
龟山门下相传指诀。

圣门之传《中庸》。其所以开悟后学，无余策
矣。然所谓喜、怒、哀、乐未发之谓中者，又一篇
之指要也。若徒记诵而已，则亦奚以为哉？必也体
之于身，实见是理，若颜子之叹，卓然见其为一
物，而不违乎心目之间也。然后扩充而往，无所不

通，则庶乎其可以言《中庸》矣。

人固有无所喜怒哀乐之时，然谓之未发，则不可言无也。

某襄时从罗先生学问，终日相对静坐，只亡文字，未尝及一杂语，先生极好静坐，某时未有知，退入室中。亦只静坐而已。罗先生令静看喜、怒、哀、乐未发之中，未发时作何气象。

常有此心勿为事胜，欲虑非僻之念，即不自作。孟子有夜气说，熟味之，当见涵养用力之处。着力于涵养之处，正是学者之要。若不如此存养，终不为己物。

张南轩

宋高宗绍兴三年生，孝宗淳熙七年卒，年四十八。

南轩名栻，字敬夫，广汉人。他的父就是魏国公浚，作《经解》及文集等。南轩从胡五峰学，五峰极器重他，说道："圣门有人，吾道幸矣。"官至吏部郎兼侍讲。所说大都修身、务学、畏天、恤民、抑侥幸、屏谗谀的话，为宰相所忌，遂退隐。孝宗朝复思起用，即卒，所著有文集《论语解》《孟子说》等。

附南轩学说：

力贵乎壮，工夫贵乎密，若不密，虽胜于暂，终不可久。（答乔德瞻）

主一之功，艰难曲折甚多。要耐苦辛，长远勿舍，则渐有味。（答潘书昌）

急迫之与因循，只是一病，不失之此，则失之彼，灭于东而生于西，要须原本上用功，其道莫如敬，则弊可渐灭。（与吕子约）

理气固须玩索，然求之过当，反害于心，涵养

栽培日以深厚，则玩索处自然有力。（同上）

平时病痛，所贵销磨。矫揉之不可，徒自悔恨于胸中，反添一病。（同上）

学者徇名忘实，此真可忧。但因此遂谓理学之不可讲，大似惩噎废食，是因盗儒为害者，而遂谓儒之不可为，可乎？（寄周子充）

近世议论，真所谓谋其身，则以枉寻直尺为可以济事。谋人国，则忘亲苟免为合于时变。世所号为贤者，正堕在此中。此风方炽，正道湮微，率兽食人，甚可愧也。（与朱元晦）

议论往往堕一偏，孟浪者即要功生事，委废者一切放倒，为害则均。（同上）

学者潜心孔孟，必求其门而入，以为莫先于明义利之辨，盖圣贤无所为而然也。有所为而然者，皆人欲之私，而非天理之所存。此义利之分也。自未知省察者言之，终日之间，鲜不为利矣。非特名位货殖，而后为利也，意之所向，一涉于有所为，虽有浅深之不同，而其为徇己自私，则一而已。

太极动而二气形，二气形而万物化生，人与物俱本此者也，原物之始，亦岂有不善者哉？其善者天地之性也，而孟子道性善，独归之人者，何哉？盖人禀二气之正，而物则其繁气也。人之性善，非被命受生之后，而其性施而是善也。性本善而人禀乎气之正，初不隔其全然者耳。若物则为气所昏而不能以自适也。惟人全乎天地之性，故有所主宰而为人之心，所以异于庶物者，独在于此也。

问为佛学者言人当常存此心，今日用之间，眼前常见光烁烁地，此与吾学所谓操则存者有异同否？曰："某详佛学所谓，与吾学之云存字虽同，其所以为存者，固有公私之异矣。吾学操则存者，收其放心而已矣。收其放心而公理存，故于所当思而未尝不思也。所当为而未尝不为也。莫非心之

所存故也。佛学之所谓存心者，则欲其无所为而已矣。故于其当有而不知有也，于所当思而不知思也。独凭藉其无所为者以为宗，日用间将做何用。其云今日用之间，眼前常见光烁烁地，是弄此为作用也。目前一切以为幻妄，物则尽废，自利自私，此不知天故也。"

南轩学说，最有名的就是分辨义利。照他说的有所为而为的是利，无所为而为的是义，则可知伦理的行为善恶，不在其行为，而在其动机。动机出于利就是不善，出于义就是善。这与德国哲学家康德的学说十分相同。南轩与康德都是取性善说的，故对于伦理的行为，当然有纯粹主观，故其说亦相同。

朱子

宋高宗建炎四年庚戌生，宁宗庆元六年庚申卒，年七十一。

　　朱子名熹，字元晦，又字仲晦，亦称晦庵，徽州婺
源人。父松，字乔年，号韦斋，和李延平同学于罗豫
章。举进士，官至司勋吏部郎，因不赞与金议和，忤宰
相秦桧旨而去。曾为闽延平尤溪县尉，罢官后，居尤溪
城外毓秀峰下，晦庵即生于此地。晦庵聪颖非常，四岁
时，父指天为教，晦庵忽然问道："天上更有何物。"
五岁时，读《孝经》，即题"若不如此，便不成人"字
样。绍兴十三年春，韦斋临死，嘱晦庵道："籍溪胡原
仲，白水刘致中，屏山刘彦仲三人，学有渊源，吾死，
汝往事之。"晦庵时年十四岁，即从父遗命而去，刘致
中以其女妻晦庵。年十九，举进士，为泉州同安主簿。
选同邑秀民，日讲圣贤的大道，士民很感戴他。二十四
岁时，始见李延平，即觉从前所学的空远，而专受延平
的着实学风。孝宗即位，求直言，晦庵即上书，"一、

帝王之学，先此格物致知，自然意诚心正，以应天下之变。二、与金人有不共戴天之仇，不可议和。"当时宰相等主张议和，因而不用晦庵，乃归。淳熙六年上书，论正君心，立纪网，论小人纵横的弊害，说道："交通货赂，所盗者皆陛下之财。命卿置将，所窃者皆陛下之柄。使陛下之号令，黜陟，不复出于朝廷，而出于一二人之门，莫大之祸，必至之忧，近在朝夕，而陛下独未之知。"孝宗阅后，大怒，因宰相赵雄谏止得免，其后又屡屡上书。监察御史陈贾面对孝宗，暗指晦庵而说道："道学者大率假名以济伪，愿摈弃勿用。"而晦庵说孝宗，每以诚意正心为主，淳熙十五年又入奏论时弊，说道："陛下即位二十七年。因循荏苒，无尺寸之效，可以仰酬圣志。无乃燕闲蠖护之中，虚明应物之地，天理有所未纯，人欲有所未尽，是以为善不能充其量，除恶不能去其根：愿陛下自今以往，一念之顷，必谨而察之。"有忠告晦庵的。说道："正心诚意之论，上所厌闻，请勿以言。"晦庵道："吾平生所学在此四字，岂可隐默而欺吾君乎？"奏上，孝宗颇优待，明日拜兵部郎官本部侍郎。林栗曾与晦庵论《易》《西铭》不合，遂劾晦庵，奏道："彼本无学术，徒窃张载程颐之绪余，谓之道学。携门生数十人，妄拟孔孟历聘之风。不谨官职，其伪不可掩。"晦庵即归，后数月复召，辞未至，惟上书说"天下之大本与今日之急务。大本在陛下之心，急务，为辅翼太子，选任大臣，振举网维，变化风俗，爱养民力，修明军政之六事。一心正则六事皆正"。时夜漏已深，孝宗已就寝，即起秉烛而读。明日叙晦庵太乙宫主管，兼崇政殿说书。晦庵固辞，改叙秘阁修撰。宁宗时，韩侂胄挟定策功，威凌一切。晦庵患甚，上疏言近臣窃柄的害处，遂罢职，而侂胄益专横，何澹为中司，说："专门之学，抱伪沽名。"刘德秀又不礼于张南轩等，及为谏官，首论"伪学之罪"。伪学的称号，就从此起，太常寺少卿胡纮说："伪学将图不轨。"甚至目伪学之党为逆党，姚愈说："道学权臣，结为死党，窥伺神器。"攻伪学的全国蜂起。庆元二年，沈继祖为监察御史，诬晦庵十罪，余嘉复上书请斩晦庵之首。当时从晦庵游的人士，特立不顾的隐于山林，怯懦的改名迁居，甚至易衣冠，狎游市肆，以示其非党？惟晦庵讲学不少休，有人劝遣生徒归，晦庵笑而不答，其镇静坚定有如此。庆元六年，疾且革，嘱其子及门人勉学，并修正其遗书，越日整衣冠，就枕而逝。当其葬时，反对党徒上书言："伪学徒辈，葬其伪师，四方来集，遂作非道，宜监察之。"然而会葬的仍有千余人。及韩侂胄死后，赐谥文公。理宗时，赠太师，追封信国公。遗著有《大学中庸章句或问》《太极图解》《通书解》《西铭解》《易本义》《启蒙》《蓍卦考误》《论语集注》《孟子集注》《诗集传》《楚辞集辨证》《韩文考异》《论孟集议》《孟子指要》《中庸辑略》《孝经刊误》《小学》《谢上蔡

语录》《延平问答》《宋名臣言行录》（李幼武同撰）
《程氏外书》《程氏遗书》《家礼》《近思录》（吕东
莱同撰）《通鉴纲目》《伊洛渊源录》《正蒙解》等。
另有平生所作文一百卷，生徒问答八十卷，《别录》十
卷。而欲窥见其哲学思想，则须研究其后人的编纂，如
《朱子语类》《朱子语录》《朱子文集》《学的》《朱
子书节要》等。

晦庵汇集古来诸家的思想，为自己学说的资料：如
孔子的仁，子思的诚，孟子的仁义，周子的太极图说，
小程子的理气二元论，居敬穷理说，张子的心性说，邵
子的先天易说等。一经过晦庵的手，即有详细的说明，
并能融会贯通，可想见晦庵的才具。

（一）哲理说

晦庵继续伊川的思想。主张理气二元说，且以周子
的太极，明断为理。惟晦庵所说的理，如蔓延于宇宙

等，业已不说，乃与气相对的理，与太极为同一物。太极能分析一切万象而显其根柢，太极就是理，故晦庵说道："只是一个理而已，因其极致，故曰太极。"（语录一一）太极与理，不过看起来似乎二样，显出万物的根柢时，称为太极。若理与气相对时，就称为理。晦庵的意，以为"宇宙一切现象，皆由于理气之合成而成。人物之生也，必禀此理以成其性，必受此气以成其形，性与形为有所必然的"。（学的上七十）"惟理与气非分离而存在。无此气时，理无挂搭之处。无此理时，气不能成形。故无无气之理，亦无无理之气。"（语类一一）更进而论理气作用的区别："理为形而上之道，为万物所以生之原理；气为形而下之器，率于理而为铸型之质料。"（学的上七十）"气之自身，不能运动。必待理之指向，始能流行。"（语类一一）"故理与气不可以时之前后论。"（语类一参考）晦庵颇信天地有始说，与《太极图说》，谓："无天地时，只是理而已。"（语类一二）这句话简直的讲，就是有此理便有此天地，其思想似乎稍有缺憾。惟从大体上讲，理与气当然不能以时之前后论。不过理为根本的，气为附随的，故有人问理与气如何？晦庵答道："有此理便有此气，但理是本。"（语类一二）"不过理并非别为一物，是仅存在于气之中而已。"（语类一一）晦庵理气的观念，与西洋近世哲学家所倡导的实在与现象不相同，乃理气的二元相结合，而成个个现象，不过理对于气而为根本的。

"理散在万物，然可统一，此为万物一原之所。"（学的上七十）"从万物殊别的方面观之，则理想不同。"（同上）故理者一而已，从这方面看理时，晦庵大都称之为太极，说道："人人一太极也，物物一太极也。合而言之，则万物体统于一太极；分而言之，则一物各各具一太极。"（学的上六十八）一太极分布于万物，而一物的太极，与原始的太极，并无分别，说道：

"一粒之粟，生而为苗，苗便生花，花便结实，又成粟而还复于本形。一穗有百粒，每粒个个完全。又将这百粒种时，一粒又生百粒。生生只管不已。其初只是从这一粒分去。与此相同，物物各有理，总而只是一理。"（语录一四）可知太极为一而多者。如禽、兽、草、木虽有许多差别，然理只是一个，晦庵说道："外而至于人，则人之理不外于己也。远而至于物，则物之理不异于人也。极其大，则天地之运，古今之变，不能外也；尽于小，则一尘之微，一息之顷，不能遗也。是乃上帝所降之衷，烝民所秉之彝，刘子所谓天地之中，夫子所谓性与天道，子思所谓天命之性，孟子所谓仁义之心，程子所谓天然自有之中，张子所谓万物之一原，邵子所谓道之形体者。"（学的上七十二）这可以见到晦庵所谓："太极，就是一的意思。不但是共遍的理如此，就是个别具体的理亦如此，就是不仅限于一物的理。"（语录一二）不过晦庵所说的太极，能否完全实现于各物，是不可不研究的。

理不能完全实现于各物，以气不同的缘故，晦庵说道："以理言之，则无不全，以气言之，则不能无偏。"（学的七十一）"理虽无差别，而气有种种之别，有清爽，有昏浊，难一一枚举。"（语录二四十六）这就是万物差别的缘故，"不过一一皆有太极，其状恰如宝珠之在水中。在圣贤之中，则如在清水中，其精光自然发现。其在至愚不肖中，则如在浊水中，非澄去泥沙，其光不可见。"（语录二四十七）这不但是人类间有如是差别，就是人与物的差别，亦不过因气的关系。取周子的宇宙论一观，就可明白，说道："得其气精英者为人，得其渣滓者为物，生气流行，一滚而出，初不道付其全气与人，减下一等与物也，但禀受随其所得，物固昏塞矣，而昏塞之中，亦有轻重。"（语类九十四十五）

太极为天地万物所发生的原理，太初混沌无差别，气动而生阳，静而生阴，而后生水、火，又生木、金、土，二气五行既具，而万物以生以化。得其精的就是人，得其粗的就是物，精的种类很多，粗的种类亦很多，所以人物的数目，不可胜数。二气五行所生的理起初具备于太极中，惟太极存在于上边，又存在于五行的上边，这五行和阴阳与太极合化以生物，而性全具，性就是太极，其余与周子相同。晦庵又深信气化的事，说道："气化是当先一个人无种自生来底，形生，却是有此人，后生来底。"（语录六三）正不但过去的情形如是，虽现在的情形，亦可以深信由二五而气化行动的事，如风即是。

"天为气之清轻者，地为气之重浊者，天一昼一夜行九十余万里，颇为迅速，地凝在于中间而不落。天与地毕竟是阳气与阴气，即由于太极之动静而成：纬星是阴中之阳，经星是阳中之阴，盖五星皆是地上木、火、土、金、水之气，上腾结成者。经星为阳气之余凝结而受日光者，经星闪铄开关，其光不定，纬星不然，纵有芒角，其本体之光，亦不自动。"这并非是晦庵的创说，前横渠已有此思想，大概为横渠以前所原有之天文论。

晦庵以宇宙间为阴阳二气的屈伸往来，说道："天地间无两立之理，非阴胜阴，则阳胜阳，无物不然，无时不然。寒暑昼夜，君子小人，天理人欲，皆然。"（语录六二）"天地之中间，此气升降上下，分而为六层。十一月冬至由下面第一层生起，直到第六层之上，极而至天，是为四月。阳生既足，更为消欲，下面阴气便生。只是这一气升降循环不已，往来于六层之中。"（语录六一）这思想前康节亦早已有过。其他雨、露、风、雷的缘起，皆以阴阳说明，康节横渠亦早已有过此说。关于鬼神的见解，出于横渠，说道："草木发生即是神，凋残衰落即是鬼。人自少至壮，是神，衰老是鬼。鼻息呼是神，吸是鬼。屈伸往来，是阴阳二气，自然如此。气之方来皆属阳，是神，气之反皆属阴，是鬼。日午以前是神，午以后是鬼。天地造化，皆未尝不是鬼神。"（语录七二）晦庵又以宇宙间，只以一气为基础，而颇信人心能感通，说道："父祖皆只一气，极其诚敬，则自然感通。"（语录七二）这就是赞同谢上蔡"祖考精神，便是自家精神"的说话。

以上诸说，并非晦庵所创造，惟既可见其智识的纯驳，复可见其理气二元的怎样应用。晦庵以宇宙间阴阳二气的存在为道，而此二气实具备于太极，说道："太极不离阳阴而为言，亦不杂阴阳而为言。"（语录一二）气聚而成形，散而失形，而太极或见或不见。恰如月影之映于盆水，盆水除则月影消失，复则见。月影如太极，盆水之除复，如气之散聚。

附晦庵说：

所谓理与气决是二物，但在物上看，则二物浑沦，不可分开，各在一处，然不害二物之各为一物也；若在理上看，则虽未有物，而已有物之理，然亦但有其理而已，未尝实有是物也。（答刘叔文）

理气本无先后之可言，然必欲推其所从来，则须说先有是理。然理又非别为一物，即存乎是气之中，无是气，则是理亦无挂搭处。（语类）

天地之间，有理有气，理也者，形而上之道也，生物之本也；气也者，形而下之器也，生物之具也。是以人物之生，必禀此理，然后有性；必禀此气，然后有形。（答黄道夫）

气则能凝结造作，理却无情意，无计度，无造作。只此气凝聚处，理便在其中。且如天地间人、物、草、木、鸟、兽，其生也莫不有种，定不会无种了，白地生出一个物事，这个都是气。若理则只是个洁净空阔底世界，无形迹，他却不会造作，气则能酝酿凝聚生物也。（语类）

气则为金、木、水、火，理则为仁、义、礼、智。（同上）

太极只是一个理字。（语类）

太极非是别为一物，即阴阳而在阴阳，即五行而在五行，即万物而在万物，只是一个理而已。因其极至，故名曰太极。（同上）

未有天地之先，必竟也只是理，有此理便有此天地，若无此理，便亦无天地。无人无物，都无赊载了，有理便有气流行，发育万物。（同上）

太极只是天地万物之理。在天地言，则天地中有太极；在万物言，则万物中各有太极。未有天地之先，毕竟是先有此理。动而生阳，亦只是理；静

而生阴，亦只是理。（同上）

万物之生，同一太极者也，而谓其各具，则亦有可疑者。然一物之中，天地完具，不相假借，不相陵夺。（周子全书跋）

或问曰："一理之实，而万物分之以为体，故万物各具一太极，如此说则太极有分裂乎？"朱子答之曰："本只是一太极，而万物各有禀受又各自全具一太极尔，如月在天，只一而已。及散在江湖，则随处而见，不可谓月分也。（语类）

论万物之一原，则理同而气异。观万物之异礼，则气犹相近而理绝不同也。气之异者，纯驳之不齐；理之异者，偏全之或异。（答黄商伯）

若论本原，则有理然后有气，故理不可以偏全论；若论禀赋，则有是气然后理随以具。故有是气则有是理，无是气则无是理，是气多则是理多，是气少即是理少，又岂不可以偏全论耶？

（答赵致道）

昼夜运而无旦，便是阴阳之两端。其四边散出纷扰者，便是游气。以生人物之万殊，如面磨相示，其四边只管层层散出。天地之气，运转无已，只管层层生出人物。其中有粗有细，如人物有偏有正。（语类）

太极如一本身上，分为枝干，又分而生花生叶，生生不穷，到得成果子，里面又有生生无穷之理，生将出去，又是无限太极，更无停息。只是到成果实时，又却略少歇，也不是生到这里，自合少止，所谓："终始万物，莫盛乎艮！"艮止是生息之意。（语类）

或问天地会坏否？曰："不会坏，只道相将人无道极了，便一齐打合混沌一番。人物都尽，又重新起。（语类）

或问天地坏也不坏？曰："既有形气，如何不

坏！但一个坏了，便有一个生得来。”（同上）

天地始初混沌未分时，想只有水火二者，水之滓脚便成地。今登高而望，群山皆为波浪之状，便是水泛如此，只不知因甚时凝了？初间极软，后来方凝得硬。（语类）

或问生第一个人时如何？曰："以气化，二五之精，合而成形。释家谓之化生，今物之化生者甚多，如虱然。"（同上）

生物之时，阴阳之精，自凝结成两个。盖自气化而生，如虱子自然爆出来。既有此两个，一牝一牡，后来却从种子渐渐生去，便是以形化；万物皆然。（同上）

（二）心性说

人物由理气二者而成，理即太极，太极即性，是人物所同得，此为本然之性。（语录二三十）仁、义、礼、智、信，为人生为人圆满之法则，此不可不具备。（语录二二十五）本然之性外，尚有气质之性，气质之性，准于气之清浊如何？清者为圣贤，浊者为昏愚。更详言之，得木气重者，恻隐之心常多。羞恶、辞让、是非之心，因此塞而不得发。得金气重者，羞恶之心常多。恻隐、辞让、是非之心，因此塞而不得发。火水亦然。故气质之性完全之人，阴阳合德，五性全备，为中正者圣人是也。（语录二二十六）故气质之性，在形体之后。然无形质，则本然之性，无安置自己之地位。如一勺之水，非以物盛之，则水无归着之所。（语录二二十一）故本然之性，实际与气质之性相密接，是以论气质之性时，势不得不杂言理与气。（学的上七十一）

心为一身的主宰，具众理而应万事，惟理与气究竟谁属？说道：此不得不属于气。故曰："心者气之精爽。"（语录二二十四）心与性有怎样关系？说道：

"性者心之所具之理。"（学的上三十五）又道："心以性为体。"心与性的关系可知。这是经验的心，为气所凝成的。此外尚有超越的心，与经验的心的性质，同样述之：（一）因理而刺动，就是道心。（二）因气而刺动，就是人心。恻隐、羞恶等心，就是道心。以经验的事物为动机而发的，如一切嗜欲等就是人心，说道："道心是义理上发出来底，人心是人身发出来底，虽圣人不能无人心'如饥食渴饮之类，虽小人不能无道心，如恻隐之心是。"（学的下）人类所生住的经验世界，虽圣人不能无嗜欲，不必限定饥食渴饮而已，就是孔子所说的"我欲仁""从心所欲"等，皆不得不说他是人心。吾们就拿德国哲学家康德来比：康德的人生哲学说道。人类有现象实在的两方面：从实在的方面，无上命令，刺动吾人的意志；从经验的方面，经验的动机，司配吾人的意志，故其行动有不出于伦理正路的。"康德宛然是操性善说的，以其无上命令，为先天的性，为普遍的理，极像宋儒的论调。心由经验的动机而司配，若尽管放任，必定紊乱社会秩序，危及人生安全，所以圣人说道："人心惟危。"圣人以道心为一身的主宰，而以其命令屈服人心，如人心决不得灭却，又不可灭却。（学的下八语录二一）

晦庵关于情的见解：以为："情通性之气而为所泼动，心统性与情者。故从性的方面见之，心寂然不动；从情的方面见之，则感而遂通。"（语录二三十五）故又说："心未动时为性，心已动时为情，心统性情，正谓此也；欲由情发，而欲有善恶，惟情已善，何以欲出恶。"（语录二三十六）又说道："心如水，性犹水之静，情则水之流，欲则水之波澜。但波澜有好底，有不好底，如我欲仁，是欲之好底。欲之不好底，则一向奔驰出去，若波涛翻浪。"（同上）情出于性，故非不善。孟子所说："情可以为善。"就是。不过情常为欲所乱，是以不得完全实现。晦庵更进而示四端七情的出处：以为四端发于性，七情由四端发出。就是哀、惧由恻隐发出，怒、恶由羞恶发出。惟其说未能推及，说道："但分七情而不可配四端，七情自能贯通于四端。"

晦庵立理气的二元论，故以理与气相对，而心、性、情等，亦于其上讨论其性质。今再从人生哲学上讨论仁：从哲学上看，理就是太极；从人生哲学上看，理就是天地生物之心。天地有心，能生万物，就是哲学的太极。这个天地生物之心，本来普遍于万物，而在人的就是仁，晦庵说道："仁人心也。"这个心，就是前所说的超越的心，其发的时候就是爱情，其对于物有知觉。故仁的中间，包含爱与智的可能性。仁总包含一切的理，如礼、义、智均在此中而为活动的。故去个人的私见，而以仁充分活动，如行孝、弟、怒皆不外乎此心的特别作用，晦庵说道："盖人之为道，乃天地生物之心，即物而在。情之未发，而此体已具；情之既发，而其用不穷。诚能体而存之，则众善之源，百行之本，莫不在是。此孔门之教，所以必使学者汲汲于求仁也，其言有曰：'克己复礼为仁。'言能克去己私，复乎天理，则此心之体无不在，而此心之用无不行也。"又曰："事亲孝，事兄弟，及物怒，则亦所以行此心也。"（仁说）仁就是哲学上所说的理，人生哲学的性，就是绝对的性，故同时包含仁、义、礼、智。其未发而活动时，四德悉具，从这方面称为性的德，称为理，又称为仁；其已发后，仁为恻隐，义为羞恶，礼为恭敬，智为是非，这就是情，而爱能共通于四情。晦庵以爱为仁所发，故为人性的自然。仁能充分活动，则天地万物，皆我一体，断无有不爱的。当爱而不爱，这就是私，就是不公。故人当去私，而以廓然大公为要。公非即是仁，乃仁的形容辞，晦庵区别公与仁最注意，说道："窃谓莫若将公字与仁字，且各作一字看得分明，然后却看中间两字相近处之为亲切也。"

附晦庵仁说图　这图是晦庵为人说明而所作的。

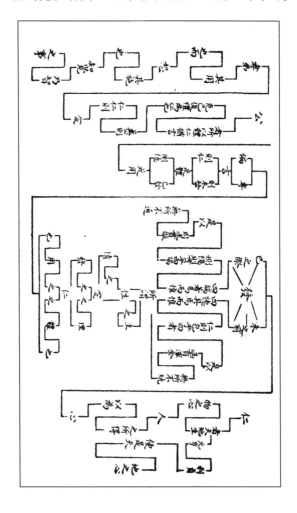

附晦庵说：

有天地之性，有气质之性。天地之性，则太极本然之妙，万殊之一本也；气质之性，则二气交运而生，一本而万殊者也。（性理大全）

论天地之性，则专指理而言；论气质之性，则以理与气杂而言之。（同上）

以理言之，则无不全；以气言之，则不能无偏。（同上）

仁、义、礼、智，性也；恻隐、羞恶、辞让、是非，情也。以仁爱，以义恶，以礼让，以智知，心也。性者，心之理也。情者，性之用也。心者，性情之主也。（同上）

性者，心之所具之理；情者，性之感于物而动者也。

自天地所赋与万物言之，谓之命；以人物所禀受于天言之，谓之性。（学的）

心者，人之神明，所以具众理而应万事者也。（同上）

性者，人之所得于天之理也；生者，人之所得于天之气也。（同上）

性者，人所禀于天以生之理也，浑然至善，未尝有恶。（同上）

亚夫问气质之说，始于何人？曰："此起于张程，某以为极有功于圣门，有补于后学，读之使人深有感于张程。前此未曾有人说到此，如韩退之原性中说三品，脱得也是，但不曾分明是气质之性耳，性那里有三品来！孟子说性善，但说得本原处，下面却不曾说得气质之性，所以亦费分疏。诸子说性恶与善恶混。使张程之说早出，则这许多说话，自不用纷争。故张程之说立，则诸子之说泯矣。"因举横渠云:"形而后有形质之性,善反之,则天地之性存焉。故气质之性,君子有弗性者焉。"又举明道云:论性不论气不备,论气不论性不明。二之则不是,且如只说个仁义礼智是性,世间却有生出来便无状底是如何!只是气禀如此,若不论那气,这道理便不周匝,所以不备。若只论气禀,这个善,这个恶,却不论那一原处,又却不明。此自孔子曾子子思孟子理会得后,都无人说这道理。(语类)

(三)修为说

格物致知与穷理,晦庵看来是一样的,故说道:"格物致知,是穷此理。"(学的上二十一)又说明格物的精细工夫,其言道:"格物十事,格得九事通透,即一事未通透,不妨;一事只格得九分,一分不通透,最不可;须穷到十分处。"(学的上十三)"致知格物，只是一事，格物时即致知。凡人之入德处，全在格物致知。"（学的上十二）"致知格物，即穷理之要，必在读书。读书之法，以循序致精为第一，而致精之本，在居敬持志。"（学的上十九）晦庵又示精密的读书法，说道："读书之法，在循序而渐进，熟读而精思。字求其训，句索其旨，未得于前，则不敢求其后，未通乎此，则不敢志乎彼。先须熟读，使其言，皆若出于吾之口。继以精思，使其意，皆若出于吾之心。"（学的上十五）又说道："读书别无法，只要耐烦子细，是第一义。"（学的上十七）

夜气，就是良心隐约的状态。"日间所理会而得的，入夜即须涵养。日间进一分的道理，夜气便添一分。第二日更进一分的道理，夜气便添二分。第三日更进一分的道理，夜气便添三分。日日只管进，夜气只管添。添来添去，这气益盛。日间悠悠而无工夫过去，则夜间便减一分气。第二日无工夫，则夜间又减二分。第三日无工夫，则又减三分。夜气既亏，则渐无根脚，遂至去禽兽不远。"（语录二四十五）程子尝说道："夜气之所存者，良知良能。"晦庵亦以为夜气静时，就是良心光明之时。若能思念义理，从人伦上观察，则夜气自然增长，良心愈能放其光明，晦庵引延平语道："延平先生尝言：'道理须是日中理会，夜里却去静坐思量，方始有得。'某依此法去效，真是不同。"（学的上十五）晦庵又教学者静坐，说道："静坐非如坐禅入定，断绝思虑。只收敛此心，无烦思虑，此心湛然无事，自然专一。及有其事，则随事应事，已时复湛然。"晦庵又示执心的要点，说道："心有所用，则心有所主，只看如今才读书，则心便主于读书。才写字，则心便主于写字。若是悠悠荡荡，未有不入于邪僻者。"（学的上四十五）这就是当一事须专心于一事，而不可分心于他事。

附晦庵说：

读书无别法，只要耐烦子细，是第一义。（学的上）

敬不是万虑休置之谓，只是随事专一，谨畏不放逸尔。非专是闭目静坐，耳无闻，目无见，不接事物，然后为敬。整齐收敛这身心不敢放纵便是敬。尝谓敬字似甚字，却是个畏字。（语类）

晦庵立太极为理与气二元，以解释宇宙全体，在吾国思想史上放一异彩的组织。惟其所用材料，为开关以来所罕见，而一切现象。一切学术的组织，亦不免时露破绽，不过从大体言之，终算完全。其直接有效于前人的，第一取伊川所说不明了的心字，使之属于二元的一气，第二他的情性说颇精当，故晦庵可为宋代哲学的大成者。从明道以来至于今日，理气的观念，共有三段的变迁：明道未分别理与气；而解释性即气，晦庵分别理与气，而以明道所唱想之性的观念，附属于理，因此而理不得不带些实在的意味；不过后世论晦庵理气说的，以其理为形式的，而与气有区别，如罗整庵吴廷翰等皆是。

朱子门人

（一）蔡西山

西山字季通，名元定，建阳人。父发，号牧堂老人，阅书很多，曾将邵氏《经世》、张氏《正蒙》、程氏《经世》授西山道："此孔子正派也。"西山闻晦庵名，拜为师。晦庵与言学问，大惊，说道："此吾老友也，不当在弟子列。"四方来学的，必先往见西山就正，庆元元年，韩侂胄禁伪学，御史沈继祖奏道："朱

164

熹剽窃张载程颐之余论，寓以吃菜事魔之妖术，以簧鼓后进。张浮驾诞，私立品题，收召四方无行谊之徒，以益其党伍。相与衣粗食淡，衣襃带博，潜形匿迹，如鬼如蜮，其徒蔡元定佐之为妖，乞送别州编管。"西山说道："化性起伪，恶得无罪！"遂谪道州，郡县捕甚急，西山毅然上道，晦庵及从游百余人送别萧寺，坐客愁叹，或泣下，晦庵视西山与平时无异，说道："友朋相爱之情，季通不挫之志，可谓两得之矣。"西山杖履行，脚流血，季子沈随至舂陵，远近从者日多。有人告以宜谢绝生徒，西山说道："彼以学徒，何忍推之！若有祸患，亦非闭门塞宝所能避也。"有书信戒诸儿道："独行不愧影，独寝不愧衾。勿以吾得罪故，遂懈。"一日告沈道："可谢客，吾欲安静，以还造化旧物。"三日果卒于贬所，嘉定三年，赐谥文节。晦庵门下，以西山为领袖。西山从晦庵最长久，博闻强识，同辈皆不及，尤长于天文、地理、乐律、历数、兵阵等。凡古书中他人所不能读的，西山无不畅达。晦庵尝说道："人读易书难，季通读难书易。"又说道："造化精微，惟深于理者能识之，吾与季通言而不厌也。"西山治家，以孝、弟、忠、信，教人以性与天道，闻者莫不兴起。所著有《大衍详说》《律吕新书》《燕乐原辨》《皇极经世（指要）》《太玄潜虚指要》《洪范解》《八阵图说》等。西山于哲学并无独得的议论，惟父、子、兄、弟，为朱学股肱，西山尤能以身殉道，其不可及。

（二）蔡九峰

九峰名沈，字仲默，西山的少子。隐居九峰，名公巨卿，求访不就。在家服膺父教，出外师事晦翁，晦翁晚年独以书传九峰，九峰寝馈数十年，而后成其书，《经集传序》说道："二帝三王之治本于道，二帝三王之道本于心，得其心则道与治可得而言矣。何则，精一执中，尧舜禹相授之心法也。建中建极，商汤周武相传之心法也。曰德，曰仁，曰敬，曰诚，言虽殊而理则一，无非所以明此心之妙用也。至于言天则严其心之所自出，言民则谨其心之所由施。礼乐教化，心之法也；典章文物，心之著也；家齐国治而天下平，心之推也；心之德其盛矣乎！二帝三王，存此心者也；夏桀商纣，亡此心者也；太甲成王，困而存此心者也。存则治，亡则乱，治乱之分，顾其心之存不存何如耳！后世人主，有志于二帝三王之治，不可不求其道；有志于二帝三王之道，不可不求其心。求心之要，舍是书何以哉？"惟《书传》晚出，颇与晦庵说有不同处。

（三）黄勉斋

勉斋名榦，字直卿，闽县人。学于晦庵，夜常衣不解带，坐而假寐达旦。晦庵妻以女，并编礼书独以丧祭二编属勉斋，晦庵病革，以深衣及所著书授勉斋。晦庵卒，勉斋持心丧三年。著有《经解》，及《勉斋文集》，卒谥文肃。晦庵门下人才虽多，而能真得师传为有体有用之学的，当推勉斋，黄东发《日钞》说道："乾淳之盛，晦庵、南轩、东莱称三先先，独晦庵先生得年最高，讲学最久，尤为集大成。晦庵既没，门人如……皆号高弟，独勉斋先生强毅自立，足任荷负。如辅汉卿疑恶亦不可不谓性；如李公晦疑喜、怒、哀、乐，由声色臭味者为人心，由仁、义、礼、智者为道心；如林正卿疑《大易》本为垂教，而伏羲文王特借之以卜筮；如真公刊《近思录》，先《近思》而后《四书》。先生皆一一辨明不少恕。凡其晦翁没后，讲学精审不苟如此，晦庵于门人中，独授之屋，妻之女，奏之官，亲倚独切，夫岂无见而然哉？"

（四）陈北溪

北溪名淳，字安卿。少习举子业，林宗臣见而称奇，且说道："此非圣贤事也。"因授以《近思录》，北溪退而攻读，遂尽弃旧业。及晦庵为漳守，北溪往请受教，晦庵说道："凡阅义理，必穷其源。"北溪为学益尽力，晦庵数语人以南来得陈淳为喜。后十年北溪复往见晦庵，陈其所学，晦庵寝疾，说道："汝今所学，已见本原，所阙者下学之功尔。"北溪以后得听切要语，后三月，晦庵卒。北溪追思师训，穷理格物，日积月累，有所贯通，北溪叹陆学主张用禅家的宗旨，认形气的虚灵知觉，为天理之妙，不由穷理格物，而欲径造上达之境，反托圣门以自标榜。遂发明吾道体统、师友渊源、用功节目、读书次序为四章，以示学者。嘉定十年，授泉州安溪主簿，即卒，年六十五，所著有《道学体统》四篇、《似道》、《似学》、《〈大学、论语、中庸〉口义字义详讲》（今称性理字义）、《筠谷所闻》（门人陈沂等所闻）等。

晦庵以心属气而具理，惟并未将心作一物看，不过在天地间为特别灵物，故说道："惟心无对。"此外尚无明了的观念。因由理气二元出发以论心，所以不能明裁为一物，北溪说道："大抵人得天地之理为性，得天地之气为体。"又说道："合理与气，方成个心。"（字义上）这就是以心视为一物，其观念甚明，而心所以能活动，则全由于气，更进而论理为善，气有善有不善。情如晦庵所说，由性发出来的，说道："性中有仁，动出为恻隐；性中有义，动出为羞恶；性中有礼智，动出为辞让是非。"（字义上）恻隐羞恶等为情，是从仁义礼智而出来的。孟子以心统情与性，而即以此为主。情不由本性出来，而由物恶来时，即为不善，说道："情之中节，是从本性发来，便是善，更无不善。其不中节，是感物欲而动，不从本性发来，便有个不善。孟子论情全把做善者，是专指其本于性之发者之言。"（同上）又说道："喜怒哀乐七情，是合善恶说。"（同上）这都是晦庵要话而不能话的。太极的本体为圆的，各物存在，毫没有一点欠缺的，陈几叟说道："月落万川，处处皆圆。"就是这个意思。北溪以太极为万理之总脑，故心亦太极。（字义下）这就是心备一太极的意思。

附北溪说：

命犹如令，如尊命台命之类。天不言则做何命，只是大化流行，气到这物便生这物，气到那物又生那物，便似分付命令。命有二义，以理言，以气言，其实理不外气；盖二气流行万古，生生不息，是气必有主宰之者，即理是也。天命即天道流行，赋于物者也。就元、亨、利、贞之理言之，谓之天命。气亦有二种，一说贫、富、贵、贱、寿、夭、祸、福，此就受气之短、长、厚、薄不齐上立论，是命分之命也；他如孟子所谓"仁之于父子，义之于君臣"，之命也之命，此就禀气之清浊不齐上立论，说人之智、愚、贤否。

性即理也，何以不谓之理而理之性？盖理可泛言天地间人物公共之理，性是在我之理。只这道理，在天为我所有，故理之性。性字从生从心，具是理于心，方谓之性云。

心乃一生之主，人之四肢运动，手之持，足之履，饿思食，渴思饮，夏思葛，冬思裘，皆是此心为之主。今如心恙底人，只是此心为邪气所乘，内无主宰，所以日用之间，饮食动作，皆失常度，与常人异，理气都丧，只空有个气往来于脉息之间，未绝而已。大抵人得天地之理为性，得天地之气为体，合理与气方成个心。心之有虚灵知觉，有发于理者，有发于气者，各有不同。

性与情相对，情者心之动也。心在里面未发动底是性，触着事物便发动出来底是情。寂然不动底是性，感而遂动底是情。这动底，只是就性中发出来，不是别物。其大目，则为喜、怒、哀、惧、爱、恶、欲七者。

才是才质、才能。才质，犹如言才料质干，是以体言。才能是会做事的，同只一件事，有人会发挥，有人全不去发挥，便是才不同，是以用言。孟子所谓"非才之罪"，皆把才做善底物，他只是从其性善大本发来，便都见一般要说得全备，须如伊川之"气清则才清，气浊则才浊"论方尽。

自孔门以后，无识仁者。汉人只以恩爱说仁，韩子因遂以博爱为仁，至程子而非之曰："仁性也，爱情也，以爱为仁，是以情为性矣。"至哉言乎！然自程子之言一出，门人又一向离爱言仁，而求之高远。不知爱虽不可以名仁，而仁亦不能离乎爱也。上蔡遂专以知觉言仁，夫仁者固能知觉，而谓知觉为仁则不可。若能转一步观之，只知觉处纯是天理，便是仁也。龟山又以与我为一为仁，夫仁者固与万物为一，然谓与万物为一为仁则不可。若能转一步观之，只于与万物为一之前，纯是天理流行，便是仁也。吕氏《克己铭》，又欲克去有己须与万物为一体方为仁，其视仁皆若旷荡在外，都无统摄。其实如何得与万物合一，洞然八荒，如何皆在我闿之内，殊失孔门向来传授心法本旨。至文公始以心之德，爱之理，六字形容之，而仁之说始亲切矣。

陆子

宋高宗绍兴九年生，光宗绍熙二年卒，年五十四。

陆象山名九渊，字子静，金溪人。父道斋，有六子，象山最少，三四岁时，温重端静，犹如成人，遇事物必问，一日忽问天地怎样穷尽？父笑而不答，遂深思忘寝食。足迹不入庖厨，常自洒扫林下，宴坐终日，人皆叹为端庄雍容，与常儿无相同处。五岁即读书，七八岁时闻人诵伊川语，说道："伊川之言，奚与孔孟之言不类？"十三岁时读古书，至"宇宙"二字，解此道："四方上下曰宇，往古来今曰宙。"忽大省晤，说道："元来无穷，人与天地万物，皆在无穷之中者也。"乃援笔书道："宇宙内事，乃己分内事，己分内事，乃宇宙内事。"又说道："宇宙便是吾心，吾心即是宇宙。东海有圣人出焉，此心同也，此理同也；西海有圣人出焉，此心同也，此理同也；南海北海有圣人出焉，此心同也，此理同也；千百世之上有圣人出焉，此心同也，此理同也；千百世之下有圣人出焉，此心同也，此理同也。"象山的学问，大概成于此时。十六岁时读《三国六朝史》，见夷狄乱华，又闻靖康之事，慨然剪指爪去学弓马，说道："吾人读《春秋》知华夷之辨，二圣之仇，岂不可复耶？所欲有甚于生者，所恶有甚于死者，今吾人高居优游，岂不可耻耶！"乾道八年，象山三十四岁，举进士，考官吕祖谦读象山《易》卷，说道："是有学问人之文，必江西陆子静也。"其后祖谦会象山，说道："未曾承足下之教，一见高文，心开目朗，知其为江西陆子静之文。"淳熙二年，吕祖谦约象山及其兄复斋，会朱晦庵等于信州鹅湖寺，共倾蕴蓄，议论颇痛快，数日不能解决。晦庵说道："人各有所见，不如取决于后世。"遂止，此后尝与晦庵通信，或论道理，或议政事，曾应晦庵召，至白鹿洞书院，讲"君子喻于义，小人喻于利"句，极中当时学者的弊病。晦庵颇以为是，恐后日遗忘，乞其书出。淳熙十一年，上书说："一、仇耻未复，愿博求天下之俊杰，相与与道经邦之职；二、愿致尊德乐道之诚；三、说知人之难；四、事当驯致而不可骤；五、人主不当亲细事。"惜天子称善而不能用。淳熙十三年，转宣文郎，未几将叙监丞，为给事王信所短，贬为台州崇道观主管。归后，学者云集，虽乡曲长老，俯首称先生，每临城邑，环坐者往往一二百人，人不能容。有贵溪山，形如象，名曰象山，结茅其上，自号象山翁。光宗时，叙知荆门军。三年十二月，疾卒。嘉定十年，赐谥文安。所著有《象山全集》三十三卷，《语录》二卷，《年谱》一卷。

陆子的学问，以简易直截为其特色，其学风所以能发达的缘故，（一）家风。（二）时势。（三）为朱子派的反动。象山的家学，其兄梭山复斋皆是简易直截。寻其远因，则从明道起经过谢上蔡、王震泽而来。惟象山常不满意于伊川，屡屡欲排斥，说道："二程见周茂叔后，吟风弄月而归，有吾与点也之意，后来明道此意却存，伊川已失此意。"（全集卷三十四九之左）所以伊川的学问，流为晦庵，明道的学问，发为象山。象山排伊川，实起于儿时，闻伊川言，就疑为非圣人之道。（上文参考）又说道："元晦似伊川，钦夫似明道；伊川蔽锢深，明道却通疏。"（全集三十四二十七）这就可以见他的家学渊源。此外就是时势的关系，象山受当时政治社会的影响，外而夷狄侵陵，内而权臣跋扈，断不是隐居避世，与章句小儒，所能挽回末运。要贵有简易直截的人，或能成功于一二，故说道："夫人幼而学之，壮而欲行之。"（全集三十四二十三左）这就可以见他以天下为己任的气概，还有关于晦庵的影响，象山的学问，极为简单平易，何人而不能解！本来学问这件事，只须能直截了当，只须能治己身心，用不着烦琐，用不着高远，惟象山独往独来，所以能直接孟子的步武。故象山见晦庵，一方面许为泰山乔岳，他方面又说道："可惜学不见道，枉费精神，遂自担阁。"（全集三十四二十八左）这就可以见他精神独立的学风，所以当时有人称他道："孟子关杨墨，韩子排佛老，先生辟时文。"（全集三十四二十左）象山简易直截的学风，在当时确占密接重要的位置，惟象山所有的根本主义，对于从来的根本主义，有怎样的关系？伊川一派，分道心与人心，配理与气，所主张怎样穷理，仍不过为形式的智识。换句话讲，就是彝伦的大道理，仅不过印象于闻见上而止。所谓本心的善，并无怎样的关系。其思想能结合穷理与本心的善者，就是象山所倡导的心即理主义。象山见晦庵，以为他所怀的，是支离的主义。其实晦庵以理为一切伦理的法则之总脑，无异于象山，象山岂有不知的道理，乃竟说他支离，这就是穷理与本心的善，不能打通的缘故。

（一）哲理说

象山的本领，就是心即理的观念，不过象山因袭先辈说很多，除"心即理"意识外，无他新思想。（一）性善。象山对学者说："汝耳自聪，汝目自明，事父母自能孝，事兄自能弟，本无少缺，不必他求，在乎自立而已。"（全集三十四二十）这就是他说的性善。

又说道："人性本善，其不善者，迁于物也。"（同三十二）象山说性善的根据，就是他与王顺伯书说道："盖人受天地之中以生，其本心无有不善。"此外则未见。（二）理为普遍的。象山对于理的观念，亦与程朱一般天人一贯无异，他作"则以学文"题中有句道："宇宙之间，典常之昭然，伦类之灿然，果何适而无其理也。学者之为学，固所以明是理也。"又与吴南斗书说道："塞宇宙一理耳，上古圣人，先觉此理，故其王天下也，仰则观象于天，俯则观法于地，观鸟兽之文与地之宜，近取之身，远取诸物。"（下略）又说道："天下事事物物，只有一理，无有二理。"（全集三十五三十一左）此外亦很多，象山所说的理，原与程朱一般，不过以理为形式的法则，是所当注意的。（三）气质。象山不取理气的说，惟以气质有厚、薄、强、弱的分别，说道："然人之生也，不能皆上智不惑，气质偏弱，则耳目之官，不思而蔽于物。"（全集三十二四右）又评韩退之的原性道："却将气质做性说了。"（全集三十四十四左）象山所说的气质，与程朱稍异的，就是常识的差罢了。象山思想，与程朱无甚大异，不过其立脚点不同，就是彼以心即理为立脚点，气质本不注意。

象山不赞成从来学者以心为有人心道心的分别，说道："心，一也，人安有二心。"（全集三十四二）不过学者所以倡道人心道心的缘故，就是根于《书经》上说的"人心惟危，道心惟微。"二句，象山乃解释道："自人而言，则曰惟危。自道而言，则曰惟微。"更解释危与微的意旨，说道："罔念作狂，克念作圣，非危乎？无声无臭，无形无体，非微乎？"这就是人心道心的惟一一体。惟因观察方面的不同，而成两样，明道上蔡尚且两样，而况伊川与晦庵呢！天理人欲分开了讲，则破坏天人一体的观念，象山乃解释其误谬，说道："天理人欲之分，论极有病，自《礼记》有此言，而后人袭之，《记》曰：'人生而静，天之性也，感于物而动，性之欲也。'若是则动亦是，静亦是，岂有天理物欲之分，动若不是，则静亦不是，岂有动静之间哉！"（全集三十五六十二）他的意以为天理以静，人欲以动，但是动静皆不是出于性么？为甚么一为是，一为不是呢？且以静为天性，难道说动不是天性么？从来学者皆以天理为道心，以人欲为人心，象山则以为无道心人心的分别，无天理人欲的分别，不过有赅括动与静的一个心罢了，但不知心是怎样的呢？

佛说："见性成佛。"象山说颇相同，最容易见的，就是他所发表的观念，他说道："《论语》中多有无头柄的说话，如'知及之仁不能守之'之类，不知所及所守者何事？如'学而时习之'，不知时习者何事？非学有本领，未易读也。苟有本领，则知之所及者及此也，仁之所守者守此也，时习之习此也，说者说此，乐者乐此，如高屋之上建瓴水矣。"象山所说者，就是指点这个心，故所以和禅家宛然同一口吻。又说道："道理只是眼前的道理，虽见到圣人田地，亦是眼前道理。"象山以心为一个最大的，为具理的，故又说道："义理之在人心，实天之所与，而不可泯焉者也。"（全集三十二七）惟义理与心是否为二，不知义理为心的活动样式，故说道："盖皆人之所固有，心之所同然也。"（同四）又说道："心即理。"（与李宰书）这理为自然的理，说道："循自然之理，安有内外表里之别！"（全集三十五三十六）这就是象山的立脚地，人劝其不必与晦翁辩，他说道："建安亦无朱晦翁，青田亦无陆子静。"（全集三十四七）就是这个所以然。象山以为人与人相异的缘故，就是气质的关系，说道："气质偏弱，则耳目之官，不思而蔽于物，物交物，则引之而已。由是向之所谓忠信，流而放僻邪侈，而不能以自反矣。当是时，其心之所主，无非物欲而已矣。"（全集三十二四）心从其固有的法则而活动，因为耳目蔽于物欲，完全不能自己实现，这就是象山与晦庵差异的一点。

附象山说：

此理在宇宙间，未尝有所隐遁。天地之所以为天地者，顺此理而无私焉耳。人与天地并立而为三极，安得自私而不顺此理哉！（与朱济道书）

此理充塞天地，天地鬼神，且不能违异，况于人乎！诚知此理当无彼己之私，善之在人，犹在己也。故人之有善，若己有之；人之彦圣，其心好之。（与吴子嗣书）

塞宇宙一理耳，学者之所学，欲明此理耳，此理之大，岂有限量！程明道所谓"有憾于天地"，则大于天地者矣，谓此理也。三极皆同此理，而天为尊。（与赵咏道书）

此理本天所以与我，非由外铄我，明得此理，即是主宰。真能为之，则外物不能移，邪说不能惑。（与曾宅之书）

心，一理也。理，一理也。至当归一，精义无二。此心此理，实不容有二。（同上）

仁，即此心也，此理也。（同上）

万物皆备于我，只要明理。（语录）

（二）修为说

既欲研究象山的心即理，则不可不研究象山的穷理工夫，他以为"所谓穷理，所谓极物，皆不外开耕自己之田地，故我无所添加，惟仅自所有意识而已，故非我注六经，六经皆我注脚。"（全集三十四一）这就他与别人不同处，又说道："吾之学问，与诸处异者，只是在我，全无杜撰，虽千言万语，只是觉得他底，在我不曾添一些。近有议吾者云，除了先立乎其大者一句，全无伎俩，吾闻之曰诚然。"（全集三十四九）惟欲发挥心的善处，在除却物欲。故说道："今之论学者，只务添人底，自家只是减他底，此所以不同。"（全集三十四十）象山的工夫可以见到。又说道："格物者，格此者也，伏羲仰象俯法，亦先于此尽力焉耳。不然，所谓格物，末而已矣！"（全集三十五六十六）格此的此字，就是指心说。

象山说道："自立自重，不可随人脚跟，学人言语。"（全集三十五四十三）这可以见到他的学风，惟不随人脚跟，不学人言语，怎样方可？说道："义理之在人心，实天之所与，而不可泯灭焉者也。彼其受蔽于物，而至于悖理违义，盖欲弗思焉耳。诚能反而思之，则是非取舍，盖有隐然而动，判然而明，决然而无疑者矣。"（全集三十二七）他常教学者道："各自圆满具足者，无少缺，故要自立。"又痛快地说道："人当先理会所以为人，深思痛省。枉自汩没，虚过日月，朋友讲学，未说到这里，若不知人之所以为人，而与之讲学，遗其大而言其细，便是放饭流歠而问无齿决。若能知其大，虽轻自然反轻归厚，因举一人恣情纵欲，一知尊德乐道，便明洁白直。"（全集三十五三十一）象山的实学在此，故说道："古人皆明实理，做实事。"（卷三十四三）又说道："心之在人，是人之所以为人，而与禽兽草木异焉者也，可放而不求哉！"（全集三十二二）可知我欲明自己的心，当以思为本。

附象山说：

学苟知本，六经皆我注脚。（语录）

或谓陆先生云："胡不注六经？"先生云："六经当注我，我何注六经。"（语录）

后世学者之病，多好事无益之言，古之学者以养心，今之学者以病心，古之学者以成事，今之学者以败事，古人皆实学，后人未免议论辞说之累。

　　总而言之，象山这种简易直截的学风，乃对于当时时势及学风的反动。其心即理的观念，即穷理与实践结合的所以然。所谓穷理格物，终不外乎自己本心的自觉。而以此本心重大的意识，为入学的初步。说道："凡物必有本末，且如就树木观之，则其根本必差大。吾之教人，大概使其本常重，不为末所累，然今世论学者，却不悦此。"（全集三十四十九）这可以见到他的教育方针。象山死后，继起者有二人，一为门人杨慈湖，一为明代王阳明。象山的学问提出心即理说，而以理为宇宙遍满者。惟一切现象的理，即我心的理。论究最著的，就是杨慈湖。

附朱陆两派的异同

晦庵以学问为主，象山以见心为主；晦庵从末进，象山从本下；晦庵为繁琐，象山为简易。晦庵曾作书与学者，说道："陆子静专以尊德性诲人，故游其门者，多践履之士，然于道问学处缺了。某教人岂不是道问学者多了些子，故游某之门者，践履多不及之。"这就是两家异同的定评。起先淳熙二年，吕东莱约复斋，象山会晦庵于信州鹅湖寺刘子澄、赵景昭，偕江浙诸友皆赴会。晦庵对象山说道："伯恭约元晦为此集，正为学术异同，某兄弟先自不同，何以望鹅湖之同！"遂与象山辩论，复斋称是，乃作诗道："孩提知爱长知钦，古圣相传只此心。大抵有基方筑室，未闻无址便成岑。留情传注翻榛塞，着意精微转陆沈。珍重友朋相切琢，须知至乐在于今。"象山说诗很佳，惟第二句尚未稳。"不妨一面起行，某沿途却和此诗。"到了鹅湖，东莱问复斋别后工夫怎样？复斋诵前诗至第四句，晦庵视东莱说道："子寿已上了子静船也。"诵罢，晦庵甚辩，象山复诵其和句道："墟墓兴哀宗庙钦，斯人千古不磨心。涓流积至沧溟水，拳石崇成泰华岑。易简工夫终久大，支离事业竟浮沈。"诵至此，晦庵失色。象山继诵道："欲知目下升高处，真伪先须辨古今。"晦庵大不高兴，遂休息，明日继读辩论，不决。复连日会议，晦庵的意思，欲令人纵观博览，而后归于约；复斋象山的意思，先欲发明人的本心，而后使他博览。晦庵以象山的教人为太简；象山以晦庵的教人为支离。因此不合。晦庵说："人各有所见，不如取决于后世。"象山还欲与晦庵辩，以为"尧舜以前，所读何书？"为复斋所止。晦庵归后三年，乃和前诗道："德业风流夙所钦，别离三载更关心。偶携藜杖出寒谷，又枉篮舆度远岑。旧学商量加邃密，新知培养转深沈。只愁说到无言处，不信人间有古今。"淳熙八年，象山访晦庵于南康，相与泛舟甚乐。晦庵说道："自有宇宙已来，已有此溪山，还有此佳客否？"乃请象山登白鹿洞书院讲席，讲"君子喻于义，小人喻于利"一章，晦庵道："熹愿与诸生共守，勿忘此训。"以讲义刻石，后晦庵注《太极图说》，又与象山书信来往，辩论长久，先是象山的兄梭山谓："《太极图说》，非周子所作，因通书中无无极之字。若说为周子所作，或系少时所作？作《通书》时，已自知其非，且《易》但有太极二字，无无极之字，言太极已足，何以又言无极？"晦庵答书道："不言无极，则太极同于一物，而不足为万化根本；不言太极，则无极沦于空寂，而不能为万化根本。"书辩数次，不能解决，及与象山书辩，尤为剧烈，象山解释极字，作中字解，作理字解，说道："此理乃宇宙之所固有，岂可言无！"又道："盖极此中也，言无极，则是犹言无中也。"晦庵解释为至极，故以无极而太极句，为理之形容辞，故说道："周先生恐学者错认太极别为一物，故著无极二字以明之。"晦庵最后答书，有"各尊所闻各行所知"语句，象山以为"遽作此语，甚非所望"。晦庵亦自谢道："前书词气粗率，既发即知，悔之已无及矣。"可知二人于学术虽争辩，而交谊仍照旧，《象山语录》记："象山一夕步月，喟然而叹。"包敏道侍问曰："先生何叹？"曰："朱元晦泰山乔岳，可惜学不见道，枉费精神，遂自担阁，奈何！"包曰："莫若如自著书，待天下后世之自择。"象山忽正色厉声曰："敏道敏道，恁地没长进！乃作这般见解！且道天地间有了朱元晦陆子静便添得些子！无了后便减得些子！"总之陆学尚简易直截，朱学重学问思辨。朱学在即物穷理，陆学言心即理。一主经验，一主直觉。一主归纳，一主演绎。这就是二人不同之点。

陆子门人

象山门下，虽然不及程朱的兴盛，但其简易实用的学风，颇为时人称许，陆氏门人中最有名的，为杨慈湖、袁洁斋、舒广平等。

（一）杨慈湖

宋高宗绍兴十一年辛酉生，理宗宝庆二年丙戌辛，年八十六。

慈湖名简，字敬仲，慈溪人。乾道五年为进士，调富阳主簿。尝反观觉天地万物通为一体，非吾心外事。象山至富阳，夜集双明阁，提本心二字，慈湖问怎样叫本心？象山道："君今日所听扇讼，彼讼扇者必有一是，必有一非。若见得孰是孰非，即决定为某甲是某乙非，非本心而何？"慈湖忽觉此心湛然清明，亟问道："止此耶？"象山厉声答道："更何有也！"慈溪退拱坐，达旦质明纳拜，遂称弟子。观书有疑，终夜不能寐，曈曈欲晓，洒然如有物脱去，此心益明。觉日月酬应，不能无碍，沈思数日，偶解一事，始误变化云为之旨，交错万变，虚明寂然。嘉定三年，除著作郎，面奏宁宗，说："斯心即大道。"出知温州，以德化感人，后历仕诸官，以太中大夫致仕卒，谥文元。所著有《己易启蔽》，及其他关于《礼》的书，而《己易》可以见慈湖的哲学。

慈湖推广象山心即理的观念，以一切的法则，皆为我心内事。其《己易》一篇，凡《易》所谓天地之运行，日月之交代，皆在自己的范围内，说道："天地我之天地，变化我之变化，非他物也。"又说道："吾性澄然清明而非物，吾性洞然无际而非量。天者吾性中之象，地者吾性中之形，故曰：'在天成象，在地成形。'皆我之所为也。"他的论调，宛与西哲学家菲希的绝对自我论相同，彼不为儒学的范围所拘束，一跃而入于佛家的境域，说道："吾未见夫天与地与人之有三也，三者形也，一者性也，亦曰道也，又曰易也，名言之不同，而其实一体也。"自己之性就是《易》，所有变化事象，皆于此求，故孔子说道："《易》与天地准。"天地即《易》，幽明本无，故必仰观俯察，而后能知其故，这就是混合佛教思想的地方，黄宗羲说他"学象山而过者"，当然不差。

附慈溪语：

《易》者己也，非有他也。以《易》为书，不以《易》为己不可也；以《易》为天地之变化，不以《易》为己之变化不可也。

自生民以来，未有能识吾之全者。惟睹乎苍苍而清明而在上者，名之曰天；又睹夫隤然而博厚而在下者，名之曰地。清明者吾之清明，博厚者吾之博厚，而人不自知也。人不自知，而相与指名曰：彼天也，彼地也。如不自知其为我之手足，而曰彼手也，彼足也。

天即己也，己即《易》也，地者天中之有形者也，吾之血气形骸，乃清浊阴阳之气合而成之者也。

礼仪三百，威仪三千，非我心外物。

慈湖的学说，趋于极端唯心说，其宇宙观亦过涉高虚，惟平日践履，一无瑕玷，虽高年亦敬谨不敢放逸，与托于禅而放诞者不同。全谢山说道："坏象山教者实慈湖，然慈湖之言，不可尽信，而行则可师。"黄勉斋说："《杨敬仲集》，皆德人之言也。"这话甚是。

（二）袁洁斋

洁斋名燮，字和叔，鄞县人。尝访问吕东莱，惟其学以象山为主。说道："大哉心乎！与天地一本。精思以得之，竞业以守之，则与天地相似。"又说道："人生天地间所以超然独贵于物者，以是心也。心者，人之大本也。此心存则虽贱而可贵，不存则虽贵而可贱。"又说道："直者天德，人之所以生也。本心之良，未尝不直。回曲缭绕，不胜其多端者，非本然也。"（宋元学案卷七十五二）又说道："道不远，本心即道。""此心此理，贯通融合，美在其中，不劳外索。"（同上三）洁斋学象山似趋平实，而较慈湖的言论，有绳矩。

（三）舒广平

广平名璘，尝访问张南轩，惟其学亦以象山为主。广平尝以忧国为心，视民疾苦，如己疾苦，故立言亦平实，然曾说道："人之良心，本自明白，特患无所感发。一朝省悟，邪念释除，志虑所关，莫非至善。"亦可见其深得象山的学问。

此外如沈炳及槐堂诸子，则以其不多见，不再赘述。

浙东独立学派

吕东莱

宋高宗绍兴七年丁巳生，孝宗淳熙八年辛丑卒，年四十五。

东莱名祖谦，字伯恭，其先河东人，徙寿州，复徙婺州，居于东莱，因以为号。伯恭性极褊，后因病中读《论语》，至"躬自厚而薄责于人"句，有所省悟，遂终身无暴怒。从林拙斋、汪玉山、胡籍溪三先生游与朱晦庵、张南轩为友。隆兴元年举进士，后迁秘书郎。尝面对："天子以虚心求天下之士，以执要总万事之机。"淳熙八年，主管明道宫，卒谥为成。所著有《宋文鉴》《家塾读诗记》《大事记》《古周易》《书说》

《阃范》《官箴》《左氏博议》《左氏春秋传正续说》《辨志录》《欧阳公本末》等，并与晦庵同集《近思录》。东莱与晦庵最亲善，其说大抵墨守程学，惟较晦庵尤为实践的，尝说道："古人为学，十分之中，九分是动容周旋洒扫应对，一分在诵说。今之学者，全在诵说，入耳出口，了无涵蓄。"对于政事方面，深慕孔孟德教，说道："秦汉以来，外风俗而论政事。"其余创思特见不多。东莱熟读《左传》，惟哲学则兼取朱陆，虽自己道高望重，然不耻与朱陆为伍，朱陆鹅湖寺之会，彼即是发起人。东莱长于历史文章，《左氏博议》最为有名，至哲学则尚在其次，惟如《丽泽讲义》，可资实践道德甚多。

陈龙川

龙川名亮，字同甫，永康人。为人才气超拔，喜谈兵。任侠，屡遭大狱，归家益励志读书。自孟子以下，

200

惟推王通。其学主致用，而非当时性理之说，立人身后而谈性命者，以为灰埃，唾而不顾。痛朱学派流于空疏，作书以驳之，说道："为士以文章行义自名，居官以政事书判自显，各务其实而极其所至，各有能有不能，卒亦不敢强也。道德性命之说一兴，而寻常烂熟，无所能解之人，自讬于其间。以端悫静深为体，以徐行缓语为用，务为不可究测，以盖其所无。"（送吴元成序）又说道："研穷义理之精微，辨析古今之同异，原心于秒忽，较理于方寸，以积累为工，以涵养为正，睟面盎背，则于诸儒诚有愧焉，至于堂堂之阵，正正之旗，风雨云雷交发而并至，龙蛇虎豹变见而出没，推倒一世之智勇，开拓万古之心胸，自谓差有一日之长！"又与晦庵论皇帝王霸之学，无所谓天理人欲的分别，说道："昔者三皇五帝，与一世，共安于无事。至尧而法度始定，为万世法程。禹启始以天下为家而自为之，有扈氏不以为是也，启大战而后胜之，汤放桀于南巢而为商。武王伐纣取之而为周，武庚挟管蔡之隙，求复故业，诸尝与武王共事者，欲修德以待其自定。周公违众举兵而后胜之。夏商周之制度，定为三家，虽相因而不尽同也。五霸之纷纷，岂无所因而然哉！老庄氏思天下之乱，无有已时，而归罪于三王，而尧舜仅免耳！"又说道："世之学者，玩心于无形之表，以为卓然而有见。此其得之浅者，不过如枯木死灰。得之深者，亦安知所谓文理密察之道，泛乎中流，无所底止，犹自谓其有得，岂不可哀！"（复朱元晦书）龙川深为孝宗所亲任，授金书建康府判官厅公事，未至而卒，年五十五，端平初谥文毅。所著有《酌古论》《中兴论》等，备于文集，为功利派，又称为浙学派。

叶水心

宋高宗绍兴二十年庚午生，宁宗嘉定十六年癸未卒，年七十四。

水心名适，字正则，永嘉人。举淳熙五年进士，为平江节度推官，历迁至权兵部郎，权工部郎，卒后谥忠定。所著有《水心文集》《习学记言》《拾遗别集》等。全祖望说道："永嘉功利之说，至水心始一洗之：然水心天资高放，言砭古人多过情。"（宋元学案卷五十四）水心批评古人，自曾子子思而下皆不免，不但如象山批评伊川而已。自晦庵象山没后，南宋学术界，分为朱陆二派，水心独立其间，自成一家，成鼎足之势。水心长于讥评古今学术得失，而于古书正伪道统之辨，多所考论。说孔子道统，曾子不得其传。其言道："世以曾子为能传，而予以为不能，予岂欲与曾子辨哉！不本诸古人之源流，而以浅心狭志自为窥测者，学者之患也。"这话显然与程朱相反。又因当时性理太极诸说，出于《系辞》，而《系辞》不必尽孔子作，阴讽周张二程的学问近于释，曾说道："《文言》上下

《系》《说卦》诸篇，所著之人，或在孔子前，或在孔子后，或与孔子同时。习《易》者汇为一书，后世不深考，以为皆孔子作，故《象象》掩郁未振，而《十翼》讲诵独多。魏晋而后，遂与老庄并行，号为孔老。佛学后出，其变为禅，喜其说者，以为与孔子不异，亦援《十翼》以自况，故又号为儒释。本朝承平时，禅说尤炽，豪杰之士，有欲修明吾说以胜之者，而周张二程出焉。自谓出入于佛老甚久，已而曰：'吾道固有之矣。'故无极，太极，动静，男女，太和参两，形气聚散，絪缊感通，有直内，无方外，不足以入尧舜之道，皆本于《十翼》。以为此吾所有之道，非彼有之道也。及其启教后学，于子思孟子之新说奇论，皆特发明之。大抵欲抑浮屠之锋锐，而示吾所有之道若此。然不悟《十翼》非孔子作。则道之本统尚晦。不知夷狄之学，本与中国异，而徒以新说奇论辟之，则子思孟子之说遂新。"又说道："呜呼！道果止于孟子而遂绝耶！其果至是而复传耶！孔子曰：'学而时习之。'然则不习而已矣！"又对于《中庸》说道："汉人虽称《中庸》为子思所著，今以其书考之，疑不专出子思。"又说道："《国语》非左氏所为。"其他如疑《管子》，诋《老子》，非刘向《五行传》，古今百家。著作批评，无所不至。

全谢山《同谷三先生书院记》说道："宋乾淳以后，学派分而为三：朱学也，吕学也，陆学也，三家同时皆不甚相合。朱学以格物致知，陆学以明心，吕学则兼取其长，而复以中原文献之传润色之。门庭径路虽别，要其归宿于圣人则一也。"吕东莱与晦庵象山友善，然其学则长于史书，故流为浙东永嘉一派。晦庵曾说道："伯恭之学，合陈君举陈同甫二人之学问而一之。永嘉之学，理会制度编考，究其小者，惟君举为有所长，若正则则涣无统纪，同甫则谈论古今，说王说霸，伯恭则兼君举同甫之所长。"总之浙东永嘉一派，喜谈政治，虽非东莱所提倡，惟互相讨论时，东莱对于功利说，亦颇首肯，是以永嘉派诸人昌言无异。同甫水心等，均与东莱友善，为南宋有力之学派，惟所言关于哲学方面甚少。

朱学后继

嘉定以后，私淑朱学的有魏鹤山和真西山，黄梨洲说道："鹤山识力横绝，真所谓卓荦观群书者。西山则依门傍户，不敢自出一头地，盖墨守之而已。"然黄百家说道："从来西山鹤山并称，如鸟之双翼，车之双轮，不独举也。"当时有以司马温公范文正公之生同志，死同传相比，后世实无从定其优劣。全谢山亦说道："世之称鹤山者，以并之西山，有如温公蜀公，不敢轩轾。"今合纪二人如左：

魏鹤山

宋孝宗淳熙五年生，理宗嘉熙元年卒，年六十。

鹤山名了翁，字华父，邛州浦江人。庆元五年举进士，累官至工部侍郎，与宰相史弥远不合，被贬。史弥远死，为礼部尚书，入对首明君子小人之辨，次论故相史弥远十失犹存，又及修身齐家。卒赠太师，谥文靖。所著《九经要义》《鹤山全集》《经外杂钞》《古今考》等。鹤山与晦庵门人辅汉卿为友，因此深通义理之学，曾说道："开禧中，全始识汉卿于都城，汉卿从朱文公最久，尽得公平生言语文字，每过余相与熟复诵味，辄移晷弗去，余既补外，汉卿悉举以相畀。"（鹤山全集）又说道："亡友辅汉卿端方而深硕，文公深所许与。"

鹤山的哲学，亦是绝对的唯心论，曾说道："心者人之太极，而人心又为天地之太极。以立两仪，以命万物，不越诸此。故天之神明，为春、秋、冬、夏，风、雨、霜、露。地载神气，为风霆流行，庶物露生。其于人也，则清明在躬，志气如神。盖贯通上下表里民物，自继善以及于成性，皆一本而分也。而人心之灵，则所以奠人极，人极立而天地位焉。"（鹤山奏札）这话和邵康节的先天学心法，杨慈湖的《己易》相仿佛。又说道："古人位天地，育万物，把做己职事，天地是我去做。五行五气，都在我一念宣节之。后世人自人，天自天，失其人之职。"（师友雅言）其论修养之要，说道："吾儒只说正心养心，不说明心，故于《离》不言心，而于《坎》言心。"（答蒋重珍）这话颇与胡五峰论心相仿佛。又说道："圣人之心，如天之运，纯亦不已。如川之逝，不舍昼夜。虽血气盛衰，所不能免。而才壮志坚，始终勿贰。曷尝以老少为锐惰，穷达为荣悴。文辞之士，有虚骄恃气之习。方其年盛气强，位重志得，往往以所能眩世。岁慆月迈，血气随之，则不惟文辞衰飒不振，虽建功立事，蓄缩顾畏，亦非盛年之比。"（梦笔山房记）又说道："才命于气，气禀于志，志立于学。"（同上）又论欲，说道："圣贤言寡欲矣，未尝言无欲也。所谓欲仁，欲立，欲达，欲善，莫非使人即欲以求诸道。至于富贵所欲也，有不可处。己所不欲，有不可施。则又使人即其不欲以求诸非道。岁积月累，必至于从心所欲而不逾矩，然后为之。曾子得之，明六欲之目。孟子传之，开六等之科，今日，自寡欲以至无欲，不其戾乎！"曰："性不能无感，性之欲也。知诱物化，则为私欲。故圣人虽使人即欲以求道，而于季康子，于由求，于申枨，曷尝以其欲为可乎？胡仁仲之言曰：'天理人欲，同行异情。'以此求之，则养心之说备矣。"（濂溪先生祠堂记）又说道："人物之生也，有刚柔，于是有善恶。志有所守，大本先立。则气得其养，生生不穷，如是则可变化气质，愚亦明，柔亦刚，虽引为圣贤，可也。"又说鬼神道："古之圣贤知之，故一死生，通微显，昭昭乎天地之间，生为贤知，没为明神，安有今昔存亡之间哉！"鹤山学说，于此可见一斑。

真西山

宋孝宗淳熙五年生，理宗端平二年卒，年五十八。

西山名德秀，字景元，后更希元，建州浦城人。庆元五年举进士，历官知泉州潭州，理宗即位，召为中书舍人，升礼部侍郎，史弥远惮之，遂罢职。绍定五年，知泉州福州，至参知政事而卒，谥文忠。立朝不满十年，而奏疏达数十万言，直声震朝廷。闻其来，观者成市。自韩侂胄立伪学名以锢善类，凡近儒书籍，皆为禁绝。西山出后，慨然以斯文自任，党禁既解，正学遂明于天下，实由于西山之力。所著有《文集》《读书记》《四书集论》《文章正宗大学衍义》《西山甲乙稿》《对越甲乙集》《经筵讲义》《西山政训》《西山题跋》等。

有人问："大学只说格物，不说穷理。"他答道：

"器者有形之物也，道者无形之理也。明道先生曰：'道即器，器即道，两者未尝相离。'盖凡天下之物，有形有象者皆器也，其理便在其中。大而天地，亦形而下者。乾坤乃形而上者。日、月、星、辰、风、雨、霜、露，亦形而下者。其理即形而上者。以身言之，身之形体，皆形而下者。曰性曰心之理，乃形而上者。至于一物一器，莫不皆然。且如灯烛者器也。其所以能照物，形而上之理也。且如床桌器也。而其用理也。天下未尝有无理之器。无理之器，即器以求之，而理在其中。如即天地，则有健顺之理。即形体，则有性情之理。精粗本末，初不相离。若舍器而求理，未有不蹈于空虚之见。非吾儒之实学也。所以《大学》教人以格物致知，盖即物而理在焉。庶几学者有著实用力之地，不致驰心于虚无之境也。"（宋元学案八十一三）从这方面看，西山乃完全墨守晦庵思想。就物而求理，其理且属于客观的，终不免有支离灭裂的倾向。此外西山解释仁为生意，解释敬为主一无适，皆本于程子的学说。又以理解释太极，以形气解释阴阳，亦不能出晦庵的范围，西山罕所发明，可以知道。

附西山语：

德行谓得之于天者，仁、义、礼、智、信是也。收放心，养德行，虽曰二事，其实一事。盖德性在人，本皆全备。缘放纵其心，不知操存，自致贼害其性。若能收其放心，即是养德行。非有二事也。（西山答问）

涵养用敬，进学在致知。盖穷理以此心为主，必须以敬自持，使心有主宰，无私意邪念之纷扰，然后有以为穷理之基。本心既有所主宰矣，又须事事物物，各穷其理，然后能致尽心之功。欲穷理而不知持敬以养心，则思虑纷纭，精神纷乱，于义理必无所得。知以养心矣，而不知穷理，则此心虽清明虚静，又只是个空荡荡底物事，而无许多义理以为之主。其于应事接物，必不皆当。释氏禅学正是如此。故必以敬涵养，而又博学、审问、慎思、明辨以致其知。则于清明虚静之中，而众理悉备。其静则湛然寂然而有未发之中。动则泛应曲当而为中节之和。天下义理学者工夫，无有加于此者。自伊川发出，而文公又从而阐明之。（同上）

仁、义、礼、智、信，古人谓之五常。君臣、父子、夫妇、昆弟、朋友，古人亦谓之五常。以性之体而言，则曰仁、义、礼、智、信；以性之用而言，则曰君臣之义，父子之仁，夫妇之别，长幼之序，朋友之信。其实则一而已。天下岂有性外之理哉！（性理大全）

端庄主容貌而言，静一主心而言，盖表里交正之义合而言之，则敬而已矣。（宋元学案）

问零碎之凑合，将来不知不觉，自然省悟。正如曾子平日学问，皆是逐一用功如三省，如问礼，逐些逐小做将去，积累之久，一旦通悟。夫子遂以吾道一以贯之告之。至此方知从前所为百行万善，只是一理。方其积累之时，件件着力。到此如炊之已熟，酿之已就，更不须着分毫之力。（同上）